CB078544

Formação e desenvolvimento das competências básicas

volume 1

Tradução de
Sandra Martha Dolinsky

Título original
Formación y desarrolo
de las competencias básicas

Publicado na Espanha por
Editorial Universitas S. A.
Madri

Publicado no Brasil por
Editora InterSaberes Ltda.
Curitiba

Antonio Medina Rivilla
(Org.)

Formação e desenvolvimento das competências básicas

volume 1

EDITORA
intersaberes

EDITORA
intersaberes

Av. Vicente Machado, 317 . 14º andar . Centro . CEP 80420-010 . Curitiba . PR . Brasil
Fone: [41] 2103-7306 . www.editoraintersaberes.com.br . editora@editoraintersaberes.com.br

Conselho editorial: Dr. Ivo José Both (presidente), Drª Elena Godoy, Dr. Nelson Luís Dias, Dr. Ulf Gregor Baranow

Editor-chefe: Lindsay Azambuja

Editores-assistentes: Ariadne Nunes Wenger

Editor de arte: Raphael Bernadelli

Capa: Denis Kaio Tanaami

Projeto gráfico e diagramação: Frederico Santos Burlamaqui

Iconografia: Danielle Scholtz

Dados Internacionais de Catalogação na Publicação (CIP)
(Câmara Brasileira do Livro, SP, Brasil)

Formação e desenvolvimento das competências básicas – vol. 1 / Antonio Medina Rivilla, (organizador); tradução de Sandra Martha Dolinsky. – Curitiba: InterSaberes, 2013.

Título original: Formación y desarrollo de las competencias básicas.
Vários autores.

Bibliografia.
ISBN 978-85-8212-147-4

1. Educação – Finalidades e objetivos 2. Educação baseada na competência 3. Professores – Formação profissional 4. Sala de aula – Direção I. Rivilla, Antonio Medina.

12-07948 CDD-370.11

Título original
Formación y desarrolo de las competencias básicas

Publicado na Espanha por
Editorial Universitas S. A.
Madri

Índice para catálogo sistemático:
1. Competências na educação 370.11

1ª edição, 2013.

Foi feito o depósito legal.

Informamos que é de inteira responsabilidade dos autores a emissão de conceitos.

Nenhuma parte desta publicação poderá ser reproduzida por qualquer meio ou forma sem a prévia autorização da Editora InterSaberes.

A violação dos direitos autorais é crime estabelecido na Lei nº 9.610/1998 e punido pelo art. 184 do Código Penal.

EDITORA AFILIADA

Sumário

Nota da tradutora para a edição brasileira, 7
Sandra Martha Dolinsky

Prefácio à edição brasileira, 9
Onilza Borges Martins

Prólogo, 11
Antonio Medina Rivilla e Pedro García González

Parte I
Competências discentes e docentes, 13

Capítulo 1 Fundamentação das competências discentes e docentes, 15
Antonio Medina Rivilla

Parte II
Competência comunicativa, 55

Capítulo 2 Desenvolvimento da competência comunicativa do aluno de Educação Primária, 57
José Luis Gallego
Francisco Salvador-Mata

Capítulo 3 Competência comunicativa bilíngue em Educação Primária, 99
Abel Gómez García

Capítulo 4 Desenvolvimento da competência comunicativa em Educação Secundária, 113
Raquel Granizo Garrido

Capítulo 5 Competência comunicativa por meio dos textos, 137
Francisco Gutiérrez Carbajo

Capítulo 6 Competência comunicativa nas TICs, 161
Pedro García González

Capítulo 7 Formação dos professores na competência comunicativa, 177
Antonio Medina Rivilla

Nota da tradutora para a edição brasileira

Sandra Martha Dolinsky

O sistema educacional na Espanha é composto de Educação Infantil (*Educación Infantil*), Educação Primária (*Enseñanza Primaria*), Educação Secundária Obrigatória (*Enseñanza Secundaria Obligatoria*), Bacharelado (*Bachillerato*), Formação Profissional (*Formación Profesional*) e Educação Universitária (*Educación Universitaria*), etapas distribuídas da seguinte maneira:

- Educação Infantil: de 0 a 6 anos, de caráter voluntário.
- Educação Primária: de 6 a 12 anos, de caráter obrigatório.
- Educação Secundária Obrigatória (ESO): de 12 a 16 anos. Após a conclusão dessa etapa, o indivíduo pode optar pela continuidade de seus estudos em Formação Profissional de Grau Médio (*Formación Profesional de Grado Medio*) ou Bacharelado.
- Bacharelado: dois anos de duração (16 a 18 anos), após os quais o formando pode ter acesso à Formação Profissional de Grau Superior (*Formación Profesional de Grado Superior*) ou à Educação Universitária.
- Para total fidelidade às informações transmitidas nesta obra, optamos por manter a terminologia original referente aos níveis de ensino. Pelo fato de a correspondência não ser direta com nosso Ensino Fundamental, Médio e Superior, uma tradução de termos feriria a veracidade das informações e a aplicabilidade do material oferecido pelos autores. O leitor poderá sanar possíveis dúvidas no momento da utilização do material consultando este esclarecimento.

Outros termos que aparecem conforme o original são os seguintes:

- LOGSE: Lei de Ordenação Geral do Sistema Educacional.
- LOCE: Lei de Qualidade do Sistema Educacional.
- LOE: Lei Orgânica de Educação.
- BOE: Boletim Oficial do Estado.

Prefácio à edição brasileira

Professora e Pós-Doutora Onilza Borges Martins
Consultora-Geral de EaD

Apresentar a obra do Dr. Antonio Medina Rivilla, cientista da educação e autor de inúmeros livros publicados como professor catedrático, pesquisador e chefe do Departamento de Métodos e Técnicas da Faculdade de Teoria da Educação e Pedagogia Social da Universidade Nacional de Educação a Distância – Uned (Madrid/Espanha), não é tarefa fácil.

Como pesquisador e organizador de equipes docentes, mediante diagnósticos previamente realizados no ensino médio das diferentes escolas públicas em Madrid, o autor optou pela construção de um inventário de competências essenciais visando qualificar o corpo docente e os agentes de formação, que enfrentam a heterogeneidade acentuada da cultura e os desafios presentes nas novas práticas educativas.

Não existe uma forma neutra de realizar este trabalho, uma vez que a própria identificação das competências abordadas no teor do estudo e a análise crítica destas supõem opções teóricas e descrevem futuros possíveis.

As escolhas do Dr. Medina são muito consistentes; nelas encontramos vários elementos para proceder a uma análise dos temas que vêm influenciando o campo educacional em nosso país. Merecem destaque as competências de comunicação e interculturalidade. No contexto da obra, o autor investigou inúmeras competências, também relevantes, tais como: competência matemática, competência socioempática, competência relativa ao conhecimento do mundo e à interação com o meio e competência geo-histórica. Na profissionalização do docente devem ser adicionadas também as competências social/relacional e a competência tecnológica.

Exatamente porque centrais, as competências orientam a formação e a produção de sentidos em uma educação inovadora. A atividade semidiscursiva do professor constitui um poderoso elemento de representação do conhecimento.

Sem deixar de considerar todas as incertezas presentes na mundialização da educação e do trabalho, vale afirmar a existência de uma nova ética de convivência humana na sociedade da informação. A obra, portanto, é um convite do autor aos profissionais de educação para revisar todo o seu referencial teórico-metodológico, no sentido de ressignificar os conhecimentos sob a forma de saber sistematizado e, mais do que isso, em conhecimento aplicado.

O período de transição que a educação enfrenta nos setores econômico, político e social está exigindo o referencial de competências construído pelo autor, tanto na práxis como no papel dos docentes, para convergir com as reformas da formação inicial e enfrentar o desafio de preservar uma educação de qualidade. Tanto os temas como a teoria e a prática postas na presente obra contribuem para a formação de representações e a produção de sentidos das competências em questão cada vez mais precisas.

Para pensar as novas práticas educativas, é necessário discutir em cada instituição a profissão dos docentes. É imprescindível envolver todas as equipes responsáveis para a (re)construção dos currículos tendo em vista a compreensão e a ampliação dos significados teóricos metodológicos, conforme a proposta do autor

Curitiba, agosto de 2010.

Prólogo

Antonio Medina Rivilla
Pedro García González

A obra *Formação e desenvolvimento das competências básicas* – volumes 1 e 2 –, que ora apresentamos, inscreve-se no intenso debate acerca da orientação da educação de base fundamentado no modelo por competências, ciente da enorme complexidade tanto da formação por competências quanto da redução da concepção da educação a esse enfoque.

O conjunto de pesquisadores e docentes que produziu a obra concorda em propor a necessária atualização do corpo docente sob uma nova perspectiva que implique a assimilação crítica dessa formação. Os docentes hão de refletir sobre o domínio que têm dessas competências como agentes de formação delas. Este trabalho analisa essa limitação e questiona o domínio que o corpo docente adquiriu de tais competências e o avanço conseguido nelas.

Refletimos acerca da consecução das competências básicas pelas exigências da docência e, ao mesmo tempo, facilitamos ao corpo docente o desenvolvimento de sua capacidade formativa ao interagir no processo de ensino-aprendizagem, trabalhando as competências básicas dos estudantes e construindo uma comunidade de aprendizagem compartilhada, para assimilar essa visão e adaptá-la às necessidades que demandam a sociedade do conhecimento e o debate aberto pelo Espaço Europeu de Educação Superior.

A formação do professorado voltada ao avanço e à melhora dessas competências, como docente, fez com que os autores propusessem tais perguntas: *Como cada docente consolidou o avanço na competência comunicativa, matemática, social, geo-histórica etc.? Como integrar, em um desenvolvimento reflexivo e profissionalizante, o domínio de tais competências e a geração de ambientes de aprendizagem que propiciem as competências básicas dos estudantes?*

O conjunto de capítulos que constitui a obra foi organizado partindo de uma introdução globalizante que fundamenta o sentido e os processos de formação por competências, desenvolvidos de uma maneira holística e transdisciplinar, mas implicando ao corpo docente o autodiagnóstico relativa ao domínio real que cada um tem das competências e do modo integrado de aplicá-las no processo de ensino-aprendizagem, como uma unidade de sentido.

As competências estudadas foram: competência comunicativa (volume 1) competência relativa ao conhecimento do mundo e à interação com o meio social e competência matemática (volume 2), apresentando a fundamentação e o processo de aquisição que os estudantes hão de realizar para o domínio dessas competências, complementadas com a atualização e o autodiagnóstico referente ao domínio das competências docentes adquirido pelo corpo de professores e as decisões que deve tomar para se aprofundar nelas.

Abordamos o processo formativo que o corpo docente deve trabalhar a partir de cada competência e o que, nas etapas do sistema educacional, considera que deve preparar e desenvolver para sua melhora profissional e para a formação integral dos estudantes.

As competências básicas constituem o fundamento da educação necessária na sociedade do conhecimento, e esse requisito foi a linha diretriz desta obra para encontrar a resposta adequada aos informes de avaliação, os quais, ao estimar o domínio das competências básicas por parte de nossos estudantes, especialmente na competência comunicativa e matemática, manifestaram suas limitações.

Esta obra, em seus dois volumes, tentou encontrar resposta a essas limitações, selecionando as competências básicas que os estudantes hão de alcançar, e oferecer ao corpo docente modelos, esquemas e tarefas que atendam à preparação pela qual eles esperam.

A organização do trabalho permite harmonizar as competências básicas relevantes e a linha que o corpo docente e os estudantes devem seguir para se chegar a uma formação de qualidade e contribuir com sua iniciativa para recuperar o sentido inovador da educação de base.

Esperamos que a leitura que os professores fizerem deste trabalho lhes permita integrar e gerar, de modo holístico, as competências, tomando como eixo aquela na qual a sua preparação foi mais intensa e que melhor assumiram para seu desenvolvimento profissional e a educação dos estudantes. Com essa competência, os docentes devem integrar o conjunto daquelas com que trabalham e dar sentido a elas, transformando o processo de ensino-aprendizagem em uma experiência formativa de caráter holístico, na qual apoiarão as decisões que aplicarem em cada sala de aula, individualmente e em equipe.

Parte I
Competências discentes e docentes

Capítulo 1
Fundamentação das competências discentes e docentes

Antonio Medina Rivilla

1.1 Competências discentes

A formação das competências emergiu com força a partir da repercussão que tiveram diversos informes derivados da avaliação dos rendimentos dos estudantes, nos diversos sistemas educacionais, especialmente pela influência do informe Pisa[1] (2006) na avaliação e importância dos resultados dos estudantes nas matérias básicas de Comunicação e Matemática. Este capítulo traz algumas concepções relativas ao complexo termo "competências", e, como nosso objetivo é esclarecer o processo didático e as práticas de ensino orientadas ao domínio das competências mais representativas que os diferentes sistemas educacionais pretendem trabalhar, selecionamos as contribuições mais relevantes de autores da área e práticas de campo, bem como sintetizamos as pesquisas desenvolvidas nos dois últimos anos, entre elas a de Medina e colaboradores (2006): Projeto de competências docentes no âmbito do Espaço Europeu de Educação Superior e o estudo apresentado por Medina, Domínguez e Gento (2008) sobre os agrupamentos flexíveis em contextos rurais interculturais, bem como os trabalhos anteriores de Medina (2006, 2007) acerca do desenvolvimento das competências nos diferentes níveis do sistema educacional, além dos trabalhos de Barnett (1996) e Perrenoud (2004), que defendem que as competências são sínteses combinatórias de processos cognitivos, saberes, habilidades, condutas na ação e atitudes, mediante as quais se chega à solução inovadora dos diversos problemas que a vida humana e as organizações produtivas propõem.

---

1 Sigla do inglês para *Programme for International Student Assessment* – Programa Internacional para a Avaliação de Estudantes. (N. da T.)

1.2 As competências

As competências são os resultados evidentes que adquirem os seres humanos ao conhecerem, agirem e resolverem problemas nas mais diversas situações pessoais, institucionais e profissionais. As competências estiveram presentes ao longo do século XX em muitos programas formativos e representaram um campo de pesquisa intensa no âmbito do ensino e até se pesquisou acerca da relação entre o domínio de competências básicas para ensinar e sua repercussão na aquisição de aprendizagens formativas dos estudantes e na eficiência global das escolas; assim, são um expoente das competências básicas no ensino os trabalhos de Allen e Ryan (1973), que criaram um modelo de microensino constituído pelo conjunto de condutas singulares que os docentes necessitariam desenvolver para alcançar uma ótima instrução formativa. Essa modalidade formativa dos docentes centrava-se na identificação, na compreensão e na aplicação das condutas mais representativas da prática docente. Flanders (1977) oferece um modelo esclarecedor das dez situações ou condutas expressivas que deveriam se dar no processo de ensino-aprendizagem e que eram objeto de uma observação perseverante por parte dos pesquisadores, que deviam mostrar quais dessas dez situações formativas ou componentes do modelo ocorriam preferencialmente no processo de ensino-aprendizagem analisado; assim, entre as categorias do modelo, evidenciava-se a intervenção dos estudantes seja ouvindo o professor, seja fazendo perguntas, seja realizando um acompanhamento do aproveitamento com que o docente resolvia as questões propostas pelos estudantes. A ação do professor era observada por meio de condutas, tais como a explicação, a utilização de exemplos, a proposição de questões etc., e pretendia-se observar a prática, mediante uma atenção meticulosa, ao identificar a conduta de máxima frequência, bem como o perfil do conjunto das dez categorias que caracterizavam o processo de interação didática.

Titone (1986) propõe um modelo de análise do discurso do corpo docente com maior número de categorias que as de Flanders.

Esses exemplos mostram-nos que a identificação das competências docentes como condutas expressivas do professorado foi objeto de diversos estudos, de maneira mais extensa.

O conhecimento das microcompetências docentes explicitadas em práticas constituiu uma linha de destaque na pesquisa didática.

O âmbito das competências discentes como síntese do conhecimento, da ação, do estilo de convivência e dos valores assumidos foi pensado de forma mais analítica e descrito em algumas das taxonomias que Bloom (1975), Lansheer (1977) e D'Hainaut (1982) construíram e definiram como objetivos formativos que os estudantes deveriam alcançar, tanto de caráter cognitivo quanto afetivo e psicomotor. A redução do objetivo em face da amplitude da competência é clara, porém podemos descobrir na integração de diversas taxonomias (Medina, 1980) uma linha que fornece novas bases para a construção e a análise das competências que, basicamente, pretendemos que os estudantes adquiram.

Esses estudos anteriores representaram formas destacadas para poder formular e identificar com maior clareza quais resultados formativos os estudantes deveriam alcançar no processo de ensino-aprendizagem.

As competências, na opinião de Barnett (1996), devem sintetizar o domínio acadêmico, isto é, o campo do saber em toda a sua extensão – não um domínio acadêmico como síntese dos conteúdos relevantes que as disciplinas e a transdisciplinaridade nos oferecem neste momento histórico, mas, sim, um saber acadêmico, genérico e fundamentador, definido como competência acadêmica, que assume a expressão verbal e escrita, o manejo da TIC[2], a organização do tempo, a tomada de decisões e a postura de assumi-las para complementá-las com as competências profissionais ou para a vida profissional, e essa síntese entre o acadêmico e o profissional implica complementar a teoria com a prática, assimilar e saber empregar com rigor tais conhecimentos.

O outro eixo desse autor, as competências específicas e gerais, está relacionado com as demandas das disciplinas e com os saberes práticos da vida comum e sua utilização, e as competências genéricas são as mais representativas em nosso âmbito de formação, na educação básica e secundária.

Essas competências gerais são as mais transferíveis e passíveis de se aplicar ao maior número de problemas.

O conceito de competências que trabalharemos nesta obra requer uma síntese do pensamento na ação e um compromisso com os valores de solidariedade e interculturalidade na sociedade do conhecimento e da pluralidade cultural. A competência é o domínio dos saberes, dos modos de aplicá-los para resolver os problemas, é nos dispormos favoravelmente a assumi-los e nos comprometermos com a melhora permanente de nosso estilo de vida,

---

2 Tecnologia da informação e comunicação. (N. da T.)

mediante os compromissos profissionais e a identificação das necessidades que as sociedades próximas, as diversas comunidades e a sociedade em geral demandam. As competências representam um horizonte de sistematização de tudo o que pensamos, fazemos, convivemos e compartilhamos para contribuir com as soluções mais pertinentes às diversas dificuldades de cada ser humano, das instituições, da sociedade e do mundo em seu conjunto.

A formulação da competência deveria integrar: O que devemos aprender? Que conteúdos são essenciais? Que saber integrado, transdisciplinar e intercultural devemos trabalhar em cada etapa, em cada ciclo e em cada ano com os estudantes? Que inteligências e aptidões desenvolver?

Como devemos aplicar e pôr em prática o que aprendemos? Como observar a prática para que, partindo dos problemas reais, pessoais e comunitários, resulte métodos e processos para a solução destes? Que destrezas, métodos e técnicas são necessários?

Que atitudes, emoções e valores subjazem ao processo de ensinar e aprender? Como conseguimos as disposições pessoais, existenciais e comunitárias mais pertinentes para o gozo intelectual e a ótima solução para incertezas e realidades complexas?

Que implicações e compromissos emergem do processo formativo e como devemos reagir para chegar a uma verdadeira resposta formativa? Que atuação moral?

1.3 Competências básicas

As competências básicas são os resultados formativos que os estudantes da educação obrigatória devem alcançar para poder se realizar e, como seres humanos, participar ativamente da sociedade, ser capazes de aprender ao longo da vida e estar preparados para os desafios da sociedade do conhecimento e para as demandas das futuras ocupações e profissões.

A competência básica nos demanda a integração de saberes essenciais que constituem o núcleo da competência, formas de agir mediante as quais se aplica o conhecimento e se resolvem os problemas existenciais e profissionais, os valores e as atitudes mais relevantes para conquistar a harmonia entre o pensamento e a ação e adquirir um estilo de vida saudável e emocionalmente equilibrado. Esses componentes devem servir à pessoa para se se envolver e se comprometer com as necessidades e realidades diversas dos grupos, das culturas e dos diferentes cenários no âmbito da sociedade do conhecimento, da globalização e de um novo processo de interculturalidade.

As competências básicas harmonizam os conhecimentos, os métodos de aprendizagem e formas de atuação e as atitudes mais relevantes que os seres humanos devem adquirir em contextos interculturais, voltando os saberes à solução de problemas reais, à criação dos contextos e à utilização dos espaços geo-históricos mais próximos a sua identidade pessoal.

O sentido da competência em sua dimensão básica é conseguir fazer com que as pessoas pensem em seus projetos de vida, ajam responsável e livremente nas novas realidades sociais e participem do desenvolvimento das organizações e das empresas em processos de aprendizagem e colaboração, voltando seu processo formativo à consolidação dos estilos de aprendizagem ao longo de sua vida. Vidorreta (2007) considera que a competência básica fica explícita no conhecimento da ação. Willmann (1948) considera a formação como "a íntima plasmação espiritual que se realiza ao longo de toda a vida da pessoa, e a formação faz referência à dimensão coletiva da assimilação pessoal, ao passo que a educação afeta mais a perfeição individual". Pacios (1981) considera a formação intelectual como "o hábito intelectual formalmente considerado". Retomamos os termos clássicos de "instrução" e "educação" para tentar entender o domínio da competência básica e sua contribuição à formação integral dos estudantes. Alcança-se a formação intelectual mediante a atividade instrutiva, mas realizada com grande rigor e meticuloso processo reflexivo. A instrução como síntese de maturação dos processos cognitivos e de assimilação de saberes relevantes de caráter formativo é a atividade mais pertinente para se chegar à formação intelectual, e esta, como manifesta Ausubel (1974), depende da qualidade do programa, de sua estrutura e de sua pertinência. Consequentemente, devemos apresentar aos estudantes esquemas gerais de organização do conhecimento, adequadamente estruturados, e ir relacionando-os com os modos de conhecer. Brunner (1972) destaca a necessidade de se aprofundar no modo de apresentar os conteúdos e desafia os docentes a confiarem na capacidade dos estudantes de conhecer e aplicar conceitos complexos, mas apresentados com a máxima clareza e adaptação a seu modo de conhecer, ligados a sua cultura. Zabalza (2008: 87) considera que "a formação é algo que se produz ao longo de toda a vida e ao abrigo da evolução de nossa profissão e dos empregos dos quais formos participando, e em coerência com a evolução de nossos interesses pessoais e do particular desenvolvimento de nosso projeto de vida".

As competências básicas transformam-se em uma finalidade e em uma formalidade dos processos educacionais, daí a importância do projeto de instrução, da seleção dos saberes no momento atual, da apresentação motivadora e do comprometimento dos estudantes com seu próprio processo de aprendizagem.

As competências básicas, sob essa ótica, conectam-se com as exigências da formação como projeto de vida e de desenvolvimento humano e profissional que nos implica ao longo de toda a existência, mas que na educação obrigatória – e em atendimento às necessidades existenciais, intelectuais e psicoafetivas dos seres humanos – apresenta-se como um horizonte de discussão necessário e de integração dos aspectos essenciais que deve constituir o eixo da educação de toda pessoa. Krüger (2008) propõe a estreita complementaridade entre os conhecimentos elementares ou saberes básicos selecionados das diversas disciplinas com as experiências fundamentais e relevantes de cada ser humano. O domínio da competência requer que o corpo docente selecione os enfoques, as sínteses culturais, as tendências e os esquemas de pensamento mais pertinentes e representativos de seu campo de conhecimento, porém apresentados e trabalhados sob os princípios de transdisciplinaridade e interculturalidade, e ao mesmo tempo relacione o conhecimento com as experiências de vida dos sujeitos que aprendem, com as chaves culturais de seu contexto e com as atitudes, os valores, os sentimentos e as emoções das novas comunidades a que pertencem.

Se as competências são básicas, todo estudante da etapa deve alcançá-las. A verdadeira complexidade está em definir o nível de domínio, de intensidade de resultados, de assimilação integradora e de busca de sentido e de transferência da competência à vida pessoal e profissional de cada ser humano como indivíduo e como membro da sociedade. A formação das competências básicas é a tarefa do corpo docente como projeto comum de formação dos estudantes. Consequentemente, em cada sala de aula e em cada processo de ensino-aprendizagem, deve-se levar em conta a prioridade e a responsabilidade no domínio de algumas delas, como a competência matemática e a geo-histórica e/ou de conhecimento do meio; mas só há sentido no trabalho integrado e transdisciplinar de cada situação formativa, mediante a aquisição, o desenvolvimento e o domínio do conjunto das competências básicas pretendidas, a saber: da inter-relação e desenvolvimento colaborativo entre docentes, estudantes, famílias e comunidades de aprendizagem em um verdadeiro projeto de formação integral e compartilhada (Medina e Domínguez, 2008).

A educação básica deve fazer com que as pessoas que dela participam, tanto professores quanto estudantes, prioritariamente, considerem que a aquisição das competências básicas (comunicativa, matemática e científica, conhecimento do mundo e interação com o meio, social-emocional, geo-histórica, cultural-artística, digital e tratamento da informação, aprender a aprender, autonomia) deve ser integral e holística.

O processo de ensino-aprendizagem orientado ao domínio das competências requer do corpo docente não só a atualização de suas competências como docentes, como também um estilo de trabalho em equipe, com colegas, estudantes e a comunidade educacional para criar tais processos formativos voltados à aprendizagem autônoma e autorregulada dos estudantes. Ao trabalhar o domínio de métodos e processos de aprendizagem, devem ser organizadas atividades e tarefas coerentes com a solução de problemas e as necessidades do entorno próximo e remoto dos estudantes, com a elaboração de meios didáticos que incorporem desde as TICs até o entorno mais próximo, repensando e reconstruindo sua própria realidade, valorando as experiências, expectativas e projetos futuros de seus estudantes. Em síntese, trata-se de um novo pensamento curricular em uma prática inovadora, desempenhada com uma atitude de colaboração e compromisso profundo perante a sociedade da flexibilidade, da mudança e da globalização.

1.4 Competências dos discentes

Os estudantes de educação básica transformam-se ou hão de se transformar em protagonistas de seu próprio ritmo e aquisição do processo de aprendizagem formativa, realizando tarefas autônomas e de colaboração com seus colegas, empregando as TICs, acessando *sites*, realizando encontros na rede, gerando grupos e comunidades de aprendizagem. O estudante deve adquirir as competências básicas ou gerais mediante as quais irá gerir seu próprio processo de aprendizagem, aprendendo a planejar as tarefas, organizando seu tempo, utilizando fontes de documentação e indagando acerca dos problemas e das realidades diversas de seu entorno próximo e distante, usando a hemeroteca e a biblioteca, as bases de dados da internet, os diversos *sites* à sua disposição, recursos que deve selecionar e utilizar de modo autônomo e colaborativo, mas que requerem que o corpo docente o acompanhe por meio de uma ação tutorial adequada e da consolidação de sessões de trabalho pessoal e em equipe apoiado pelo professorado. A aquisição das competências discentes precisa de uma organização flexível dos grupos em sala de aula, tal como apresentaram em outro estudo de Medina, Domínguez e Gento (2008), no qual mostram que as equipes docentes devem trabalhar em diferentes cenários formativos com grupos de estudantes organizados segundo o domínio das competências, a interiorização dos saberes e as características pluriculturais de seu entorno. O conjunto de conhecimentos, destrezas, atitudes, valores e formas de resolução de problemas que os estudantes irão adquirir facilitará seu desenvolvimento nos diferentes âmbitos da vida de maneira satisfatória, combinando adequadamente os recursos e pondo em ação seu pensamento, suas atitudes e seu estilo de aprender a tomar decisões, mas configurando em seu conjunto um comportamento que melhore sua qualidade de vida, sua participação na sociedade e seu projeto de vida pessoal – mas com uma ótima projeção nas comunidades de que faz parte. As competências discentes que desejamos trabalhar com caráter prioritário nesta obra serão a comunicativa, a matemática, a socioempática, a de conhecimento do mundo e interação com o meio e a geo-histórica, ou domínio do eixo espaçotemporal, como garantia de organização de uma estrutura básica de conhecimento e de coerência na ação. As áreas e matérias (sínteses compreensivas dos campos do saber na sociedade do conhecimento) clássicas e as didáticas específicas harmonizam-se sob uma nova visão da Didática Geral para compreender as competências discentes e criar novos cenários de ensino-aprendizagem que capacitem os estudantes, de modo integrado e transformador, no domínio das citadas, cientes de que todas as áreas devem assumir um papel subsidiário para contribuir com os saberes e as tarefas de modo transdisciplinar e integrado ao domínio de todas e cada uma das competências, com especial ênfase nas que lhe sejam mais próximas.

A competência discente a ser trabalhada nesta obra é a metacompetência comunicativa em inter-relação com as competências matemática, social e do conhecimento do mundo, atendo-nos às dimensões espaciais e temporais nas quais discorrem as diferentes culturas e interagem os seres humanos.

A competência comunicativa é a síntese do conjunto de mensagens, processos comunicativos e estilo de interação social que o ser humano deve conhecer e utilizar para um adequado encontro com outros sujeitos e comunidades.

A comunicação requer os códigos verbal, não verbal e paraverbal, a compreensão e expressão oral e escrita, e a fala e escuta atenta e com emoção. A compreensão dos textos escritos na língua espanhola, nas línguas cooficiais e nas línguas das diferentes comunidades presentes na aula ou em harmonia com outras línguas como inglês, francês, alemão, italiano etc. é o novo horizonte comunicativo.

A competência integraria o conhecimento da língua, a habilidade social para utilizá-la e o desenvolvimento das atitudes para empaticamente compartilhar o diálogo e os conteúdos com outras línguas e singularmente aprender a refletir, a compartilhar textos elaborados pelos estudantes, a utilizar o *wiki* etc.

A tecnologia, por meio das diferentes plataformas, *sites*, diversas vias da informação, oferece novas possibilidades para entender e compartilhar mensagens, que devem estar plenas de sentido, e selecionar valiosos textos narrativos, romanceados, cômicos e trágicos, realistas e imaginários, poéticos e artísticos que ofereçam aos estudantes oportunidades para construir o saber das diferentes línguas, a seleção de textos representativos e lhes facilitem a construção da competência argumentativa.

Toulmin (2004) destaca a importância da argumentação e do processo de raciocínio. Uma subcompetência básica da comunicação é a argumentativa, mas esta requer juízos pensados e proposições bem fundamentadas. Essa subcompetência é essencial na vida diária e a base imprescindível para o desenvolvimento profissional no futuro, bem como para o estabelecimento de relações sociais saudáveis e para a utilização crítica dos meios de comunicação. O domínio da competência comunicativa requer contribuição de todas as matérias, tanto no âmbito da metalinguagem quanto na formalização dos saberes e em sua aplicação às variáveis realidades sociais; mas, principalmente, requer uma atitude existencial de verdadeiro respeito a outras opiniões, ideias e âmbitos de saber. A inteligência emocional contribui com a autorregulação pessoal, com o reconhecimento das diferentes perspectivas dos seres humanos, trazendo novas soluções para as relações com outras línguas e culturas e com a criação de um estilo de empatia universal que devolva o ser humano a uma realidade axiológica de respeito e reconhecimento dos direitos humanos fundamentais e das contribuições das diferentes culturas em cenários variáveis. A solução dos problemas matemáticos e da linguagem que os caracteriza transforma-se em um campo de utilização e de desenvolvimento da própria competência comunicativa ao contribuir com uma terminologia adequada à relação dos seres humanos com o meio e que, no âmbito da topologia, da geometria e do cálculo, representa os grandes núcleos de saber e de agir diante das complexas situações que os seres humanos devem resolver. Recordemos os modelos matemáticos aplicados à economia, à solução de processos de incerteza e à busca de novos âmbitos de reflexão acerca da complexidade social e as contribuições de diversos modelos estatísticos à solução dos diversos problemas sociais, demográficos etc. O saber matemático e os problemas que pretende resolver emergem como um importante apoio à formação básica dos estudantes e ao domínio da competência comunicativa.

1.5 Competência matemática

Os estudantes adquirem essa competência ao trabalhar a linguagem, os modelos e os problemas característicos da matriz de conhecimento dos saberes matemáticos.

A competência matemática fica explícita no domínio da dimensão quantitativa das realidades sociais e pretende estimar aspectos qualitativos e probabilísticos mediante uma nova linguagem e programas estatísticos da complexidade do BMDP, SPSS, ou as adaptações aos cenários sociais e formativos como os seguintes: NUDIS, ATLAS, AQD, Jeux de mots etc[3].

A competência se desenvolve ao organizar as informações de natureza matemática, ordenar os dados e estabelecer diversas relações entre eles. O domínio do cálculo numérico e suas variadas aplicações à análise dos problemas humanos estão ligados à evolução do saber matemático pluricultural, ou etnomatemática, que as diferentes culturas ao longo da história da humanidade foram perfilando e consolidando para, no âmbito de um pensamento matemático, resolver os processos de quantificação da realidade – o domínio do cálculo numérico tanto mental quanto apoiado em processos tecnológicos, junto com os demais campos do saber matemático: álgebra, números complexos, tratamento estatístico dos dados, análise topológica e cálculos de complexidade astronômica, como os referenciais da nova realidade sideral, do *Big Bang* e dos mundos ainda por explorar.

A competência matemática é apresentada aos estudantes como uma síntese de saber e fazer projetados na solução dos problemas da vida diária e do mundo trabalhista, insistindo na apresentação de situações de grande profundidade socioetnográfica e de proposições do saber matemático como uma base imprescindível para desenvolver a competência argumentativa e

---

3 Todos esses acrônimos referem-se a *softwares* estatísticos, usados inclusive no Brasil. (N. da T.)

contribuir com dados confiáveis à solução dos problemas humanos, sociais e institucionais.

O domínio das técnicas do cálculo e dos modelos representados, como exercício mental, deve ser complementado com a utilização de alguma rede de problemas complexos apoiados em diversas ferramentas e trabalhados no raciocínio probabilístico e na tomada de decisões em contextos incertos, mas com um sentimento lúdico-humorístico e de gozo existencial do saber matemático.

A competência matemática se apoiará no domínio do cálculo, no conhecimento do sentido da proporção e na previsão de futuros comportamentos dos seres humanos nas mais diversas situações, integrando o conhecimento matemático especialmente com o geo-histórico, a análise do meio próximo e a aprendizagem de um comportamento social de empatia e qualidade humana. Esse conhecimento matemático facilitará a tomada de decisões de cada ser humano, contribuindo com precisão e rigor nos raciocínios, encontrando novas possibilidades para criar modelos, utilizar técnicas e trazer à luz novas conclusões a partir dos dados escolhidos em cada realidade.

1.6 Competência social

A preparação dos seres humanos para agir na sociedade e compartilhar seu projeto de vida com as demais pessoas constitui a competência social, que requer formar os estudantes em um processo de empatia, interculturalidade e colaboração, aprendendo a participar do mundo e a se comportar de modo solidário com os demais de seu entorno próximo e como cidadãos do mundo. A visão da ecoformação pretende que todos tomemos consciência da realidade de um planeta afetado e convulsionado neste século e que precisa de decisões que tornem todo e qualquer habitante comprometido com a aquisição de atitudes e de valores coerentes com um novo equilíbrio emocional e ecológico.

A instituição educacional, por sua própria natureza, é a organização social cuja primeira responsabilidade é capacitar todos os estudantes em um estilo de cooperação e de mediação para antecipar os conflitos, realizar um processo de empatia e analisar criticamente as concepções, as crenças e os valores com que contribuem as diferentes culturas presentes na sala de aula, na escola, nos cenários regionais e na aldeia global, da qual todos fazemos parte. Em Medina (2008), oferecemos um modelo de convivência nas instituições educacionais baseado na construção de um clima social que gera relações de empatia, colaboração, apoio mútuo, autonomia, confiança, mediação etc. e que configura o eixo da melhora das organizações e o componente mais determinante, se pretendermos que os estudantes adquiram uma nova competência social para contribuir com ideias e soluções para o desenvolvimento integral das comarcas, a coesão social das regiões e o avanço entre os diversos grupos e zonas do mundo, bem como agir em núcleos de vida em colaboração. A convivência social baseia-se no conhecimento das normas, ou da Constituição do país, e as do âmbito europeu, bem como das diretrizes dos Organismos Internacionais e do exercício criativo da liberdade, além do cumprimento dos deveres em uma sociedade em contínua abertura, interdependência e crises financeiras, energéticas e sociais.

A competência social apoia-se no domínio e no cumprimento crítico das normas de convivência e nas tomadas de decisão mais apropriadas às comunidades, assim como na valorização dos costumes e dos estilos de vida de cada sociedade em sua complexidade. Essas regras institucionais pactuam suas normas de atuação, que devem ser estudadas e compreendidas para atender às diversas demandas da pluralidade social da Espanha, da Europa e do mundo. O conhecimento social depende da sintonia com a própria conduta e os comportamentos desempenhados na família, na sala de aula e na instituição educacional, ameaçados pela intransigência e pela insensibilidade pessoal e axiológica de grupos de adolescentes que evidenciam grandes limitações na relação entre iguais e com a geração anterior.

O domínio da competência social implicaria situar em um lugar prioritário a prática social empática e a participação em associações e instituições do próprio entorno, bem como o desenvolvimento da consciência social e participativa dos estudantes nas mais diversas instituições da escola e da comunidade. O componente central dessa competência formativa é o desenvolvimento de atitudes de abertura, colaboração, confiança, cooperação e desprendimento que se sintetizam no compromisso com os colegas, o corpo docente, a família e os grupos humanos. A prática dessas atitudes é a melhor garantia para o domínio da competência, unida à compreensão de modelos de verdadeira relação social, de comunidades de cooperação e de análise das cartas magnas (constituições), da Declaração Universal dos Direitos Humanos, dos direitos da infância, do cumprimento rigoroso dos deveres sociais e pessoais derivados da responsabilidade, da colaboração entre as pessoas e do comprometimento com as instituições mais naturais, como a família, as cooperativas, as comunidades de aprendizagem e os grupos de lazer e desenvolvimento comunitário. A competência se consegue mediante a participação ativa em projetos de desenvolvimento comunitário e em programas desenvolvidos na própria escola aberta à comunidade e oferecendo soluções aos problemas demográficos, sociais e econômicos das comunidades mais próximas. Nessa linha, destacamos os trabalhos de Domínguez e cols. (1996): "Desenvolvimento integral de uma comarca", Medina e Domínguez (1998).

Essa competência social tem seu desenvolvimento natural no conhecimento do mundo, na interação com o meio e no avanço dos saberes geográfico e histórico, como ciências sociais de máximo comprometimento científico e cultural, dado que a perspectiva histórica da sociedade e da biografia de cada sujeito, de sua história de vida, constitui os saberes fundamentais para se poder entender, junto com o conhecimento sociológico e a ciência da educação, a complexidade e a diversidade dos seres humanos em interação. A análise do conhecimento e da repercussão das tendências dos diferentes povos e culturas que viveram e colonizaram, ou atuaram no espaço vital em que cada ser humano nasceu, é um âmbito essencial para o domínio dessa competência.

1.7 Competência relativa ao conhecimento do mundo e à interação com o meio

É a integração de saberes e formas de relação favoráveis do sujeito com seu entorno físico e social, chegando à compreensão dos fatos sociais e da interação geo-histórica e à previsão de novas realidades sociais e de suas consequências. A competência consiste no conhecimento das condições pessoais, contextuais e regionais em que o ser humano vive e se desenvolve, capacitando-o a participar ativamente da construção do meio e da configuração de novas maneiras de cuidá-lo e de desenvolvê-lo, gerando atitudes mais favoráveis para sua integração e colaboração crítica no reconhecimento da arqueologia e do conjunto de indicadores do meio como base do desenvolvimento da identidade. A competência implica o desenvolvimento da capacidade perceptiva, da interação e do compromisso em manter um estilo de vida baseado no conhecimento da História, da evolução geográfica e da antecipação e compreensão das futuras mudanças com que deverá conviver. O desenvolvimento dos espaços em evolução é a característica mais destacada dos povos e das cidades em que o ser humano vive, e essa competência preparará os futuros habitantes para uma tomada de consciência, para preservar e trabalhar com uma atitude de profundo reconhecimento do meio como micromundo no qual aparecem e ocorrem diferentes formas de existência dos seres humanos. Essa competência requer aprofundar no conhecimento dos aspectos geográficos, sociodemográficos e biológicos do mundo do qual faz parte. A pedagogia ambiental propôs novos princípios e formas de interação do sujeito com seu meio, com base no cuidado ambiental, no reconhecimento e respeito às tradições, na análise dos problemas derivados da poluição e energia e no estudo aprofundado das novas paisagens. Essa competência deve levar os estudantes a conhecer a paisagem e sua evolução, os restos naturais e os processos gerados pelos seres humanos ao longo dos séculos, para despertar as atitudes favoráveis ao desempenho de uma relação de sintonia e de esmerado cuidado do meio e do planeta como representantes da história em que a humanidade se desenvolveu. Mas, a competência deve se explicitar em uma conduta e uma ação responsáveis e comprometidas com o respeito ao desenvolvimento sustentável, às limitações das fontes naturais de produção de energia e à necessidade de analisar o contexto em interação com seus habitantes.

A aprendizagem da interação com o meio baseada nos princípios da conservação e do desenvolvimento sustentável capacitará os estudantes a gerarem uma conduta de utilização racional dos recursos e de seu emprego imaginativo, para alcançar um novo equilíbrio entre o ser humano e a natureza.

A interação com o meio precisa da contribuição e do conhecimento da paisagem, da evolução do espaço como referencial da presença da Humanidade no contexto. O saber histórico é uma das contribuições mais necessárias à formação integral dos estudantes, estreitamente ligado ao conhecimento adquirido pelas diversas gerações ao longo do tempo e ao uso e ao aproveitamento desse espaço.

1.8 Competência geo-histórica

O domínio dos eixos de espaço e tempo, como referenciais cartesianos para os seres humanos de cada momento histórico, concretiza-se na competência que denominamos geo-histórica, na qual os saberes dessas ciências, como protótipo das sociais, devem ser trabalhados como complemento da competência anterior (conhecimento do meio) na Educação Secundária.

A competência geo-histórica deve encontrar uma nova interpretação do conhecimento dos fatos históricos em interação com o espaço e os âmbitos geográficos onde foram produzidos, construindo-se uma fusão entre os feitos humanos ocorridos no tempo e os lugares que esses feitos transformaram em aldeias, cidades, áreas recreativas, espaços de produção de riquezas etc. A competência geo-histórica dos estudantes concretiza-se no domínio de conteúdos integrados oferecidos pelas disciplinas de Geografia e História e que hão de ser vividos como mestres da vida para que os estudantes cheguem a comportamentos e atuações coerentes com o respeito ao meio ambiente, à organização de novas formas de vida e à geração de atitudes e valores de respeito profundo à paisagem, ao espaço como cenário de projeção dos seres humanos e de recuperação dos valores mais genuínos das comunidades e das sociedades que têm representado os valores de liberdade, de colaboração e de respeito ao ser humano e à natureza.

Essa competência, arraigada na "formulação e construção indagadora de novos problemas", de forma individual e colaborativa, necessita que as perguntas heurísticas tenham rigor geo-histórico, como manifestam Bednarz e Bednarz (2003). Ou seja, devem conter os seguintes atributos:

- Escala – Refere-se à categoria contínua do local ao global.
- Relevância – Os temas ou tópicos devem ser ligados ao domínio das experiências de vida dos estudantes, com entidade suficiente para que os adolescentes possam fazer transposição aos domínios geo-históricos e, sob sua perspectiva, contribuam com novas soluções.
- Continuidade – Os tópicos devem ligar o presente ao passado e oferecer oportunidades para antecipar o futuro.
- Ética – Trata os problemas com base nos valores de equilíbrio, igualdade de oportunidades, equidade, harmonia emocional e melhoras sociopolíticas.
- Transdisciplinaridade – Incorpora as contribuições das diversas disciplinas, sob a perspectiva da ecologia de saberes.
- Complexidade – Atende a todos os níveis da realidade geo-histórica, em a toda sua amplitude, bem como à evolução de todos os seus fatores.
- Rigor científico – Aprofunda-se no problema e emprega uma metodologia científica acorde com a caracterização e emergência dos problemas.
- Autenticidade – Integra-se plenamente nas vivências e preocupações do mundo atual, em seus riscos e nas melhoras mais representativas que se devem assumir.

O sistema metodológico dos docentes que formam os estudantes na complexidade, na transdisciplinaridade, na autenticidade e no rigor do saber geográfico deve construir novas ideias, cenários de diálogo e contextos envolventes que impliquem os estudantes nesse processo e contribuam com suas melhores experiências à solução dos problemas, à transformação das comunidades e ao compromisso com um ecossistema de desenvolvimento sustentável.

Os autores que comentamos, Bednarz e Bednarz (2003), propõem um ensino da Geografia orientado à reflexão e à tomada de consciência participativa dos estudantes; assim, recordamos as questões centrais que orientam a preocupação docente e o papel que professores e estudantes devem assumir:

Quadro 1.1 – *Papel do professor e do estudante*

	Papel do professor	Papel do estudante
O que conhecemos? (Esclarecer o problema/tema)	Coaprendiz dos estudantes	Coaprendiz
O que precisamos conhecer? (Identificar o problema)	Guia, planejador e treinador	Planejador de sua própria tarefa e solucionador de problemas
O que estamos fazendo para isso? (Planejar as ações)	Facilitador e gerador de processos	Planejador e colaborador com o docente
O que aprendemos? (Pesquisa e informação)	Facilitador – Guia – Modelo	Apoio entre estudantes

A aplicação do esquema é evidente em nosso âmbito de pesquisa, pois promove uma reflexão profunda acerca do problema do "processo de ensino-aprendizagem intercultural", repensando os aspectos essenciais: Que modelo é o mais adequado para a formação do corpo docente em Educação Secundária que leciona nas áreas de Geografia, História e Ciências Sociais?

Devemos aprofundar em colaboração com os estudantes:

- seleção e justificação do núcleo/campo problemático;
- desenvolvimento do cenário mais valioso e sua influência contextual;
- determinação da unidade essencial de pesquisa e previsão dos resultados.

Questionamos algumas das razões da criação do saber geográfico como conhecimento a ser ensinado e base para a formação dos estudantes, como elo com o conhecimento didático – que é essencial para ensinar Geografia no âmbito das Ciências Sociais, e especialmente em complemento ao conhecimento histórico –, mas enfocado pela construção do desafio intercultural no pensamento e na ação do docente e dos discentes.

1.9 Decisões didáticas para o desenvolvimento das competências

A aplicação das decisões didáticas mais pertinentes para o desenvolvimento integrado das competências anteriormente citadas (comunicativa, matemática, social, conhecimento do meio, geo-histórica) deve ser feita de modo integrado, de tal forma que se estabeleça uma estreita relação entre o modelo das competências, os conteúdos/saberes, os métodos, os materiais didáticos e as atividades/tarefas.

A formulação das competências nos faz repensar o modelo didático global e o conjunto de seus elementos no processo de ensino-aprendizagem.

Em consequência, devemos questionar a globalidade do plano didático e das ações formativas que realizamos. Em outros trabalhos, insistimos nessa ideia e sugerimos um conjunto de atuações que devemos considerar [Medina e cols. (2002), Medina e Salvador (2002), Medina (2003)], que nos liberam de uma atenção mais extensa.

A complexidade e a interdependência entre esse conjunto de elementos fundamentam-se na potencialidade e na globalidade para facilitar aos estudantes a consecução das competências e ao corpo docente sua melhora profissional.

As competências precisam situar o estudante em um ecossistema escolar mais flexível e colaborar, especialmente na interatividade, tanto ao trabalhar os problemas e aplicar as estratégias de estudo de caso, quanto ao avaliar criticamente a organização, o sequenciamento e atualização dos conteúdos/saberes do campo.

Os estudantes devem harmonizar sua autoaprendizagem com a aprendizagem em equipe/colaboração, cientes de seu novo papel, distante da mera aceitação ou acúmulo de informação e conteúdos, para demonstrar um papel ativo na reflexão, aplicação, transformação e inovação desses mesmos conteúdos.

O que cada estudante deve aprender para colaborar com o domínio das competências descritas?

Singularmente, a participar, colaborar e oferecer seus pontos de vista, ciente das novas tarefas, sem as quais não é possível oferecer resposta a cada pessoa e equipe que se forma.

A competência de formação por excelência para os estudantes é colaborar ativamente no âmbito metodológico e entendê-lo, com o desenvolvimento dos meios para aprender e sua ativa implicação nas experiências vitais e problemáticas constituídas no eixo de sua formação.

Em correspondência, o modelo de ensino-aprendizagem dos docentes é o de encontrar respostas inovadoras, que situem cada estudante e sala de aula em um novo cenário de indagação, experimentação e implicação direta com as associações/empresas, as comunidades e os verdadeiros desafios do entorno europeu.

As competências são um horizonte para a implicação e a criação entre docente e estudantes de desafios criadores de saber, de valores de abertura e de capacitação rigorosa, que relacionem a escola com as instituições e as organizações, atendendo aos problemas reais que os estudantes que preparamos vivem e devem resolver. Esse necessário esclarecimento da formação dos discentes implica uma preparação mais fundamentada do corpo docente.

O modelo didático que construímos deve servir aos estudantes para convertê-los nos principais responsáveis por sua formação, posicionando-os perante as necessidades das instituições, de si mesmos e da sociedade da complexidade.

Essa tarefa formativa não deve ser única nem reducionista; cada escola deve encontrar a resposta singular dada por sua ótima identidade e o cumprimento dos núcleos essenciais da harmonia entre culturas. Diante dessa demanda cada vez mais intensa e extensa, expressamos quatro grandes decisões:

- revisão da metodologia de ensino-aprendizagem;
- adaptação dos meios e materiais didáticos;
- adequação e busca do sentido projetivo e axiológico dos saberes, modelos e métodos de pesquisa;
- elaboração de tarefas integradas, que envolvam toda a comunidade educacional e redes escolares.

Essas decisões devem estar avalizadas por uma mentalidade globalizante, que recupere a necessária tradição formadora e pesquisadora, mas que atenda à exponencial mudança da sociedade e das instituições e empresas mais representativas, em um diálogo frutífero e transformador, evitando o isolamento dos centros educacionais, recuperando seu papel de horizonte de busca e compromisso axiológico permanente.

A produção de materiais didáticos é explicitação e organização mais elaborada do conjunto de saberes, formas de conhecimento e programas de formação que dispomos aos estudantes, construídos de maneira colaborativa, integrando os saberes das matérias, compreendendo o mais representativo, atual e valioso do campo de pesquisa e apresentando de maneira interativa os problemas mais relevantes das organizações e do entorno social próximo e distante.

A formação dos estudantes nas competências mais adequadas pessoais, institucionais e socioprofissionais se conseguirá mediante a criação de materiais apropriados e sua colaboração nas tarefas ajustadas a sua aquisição.

A metodologia didática é a contribuição à aquisição das competências básicas no trabalho em equipe do corpo docente.

Uma das quatro decisões propostas, em estreita complementaridade com as restantes, é a metodologia aplicada e desenvolvida entre o corpo docente e os estudantes para responder aos valores e desafios das competências, cientes do significado da prática e da projeção na formação dos estudantes.

Os métodos são os caminhos mais adequados que devemos empregar para fazer com que os estudantes compreendam o sentido formativo das competências e seu valor transformador na vida das instituições e das organizações produtivas. O desenvolvimento das competências requer cenários valiosos, para que cada estudante potencialize sua iniciativa e encontre novos referenciais que lhe propicie uma cultura estudantil, que o faça superar a mera formulação das competências e o impulsione a um verdadeiro afã de busca dos saberes e valores fundamentados, empregando métodos adequados e processos criadores de conhecimentos e emoções novas. Entre eles, destacamos os seguintes:

- estudo de casos;
- processo de ensino-aprendizagem baseado em problemas;
- projetos compartilhados;
- intervenções e trabalho em equipe;
- análise e diagnóstico de necessidades, expectativas e conflitos etc.;

- simulações;
- oficinas e seminários;
- experiências e planos em empresas, laboratório, trabalhos de campo;
- criação de cenários *ad hoc* etc.

O professorado já experimentou diversos métodos e técnicas de ensino-aprendizagem, elaborou experiências e práticas formativas, criou materiais etc. que acumulou ao longo de sua vida profissional. A situação atual nos propõe emergir e avaliar os processos desenvolvidos e apresentados como uma narrativa autocrítica, pessoal e colaborativa, procurando aprender com a própria prática, mas transformada em um processo de indagação e de busca sincera do mais valioso de nosso ensino.

Esse processo de autoaprendizagem e de validação de nossa experiência profissional facilita-nos o saber didático e nos permite escrevê-lo para pô-lo à disposição de outros colegas. Assim, a vida de nossas aulas se torna reflexão e fundamenta futuras decisões, selecionando o singular e pertinente e projetando-o para adequá-lo aos desafios da convergência.

Projeta-se o futuro com base na análise sincera e criativa de nossa prática e formula-se um caminho indagador, que nos autoriza a compartilhar as reflexões e assumir que o verdadeiro protagonista da aprendizagem é o estudante, especialmente quando compartilha com os colegas a indagação, ampliada com leituras e uso da internet e de bases de dados para compreender os saberes e modelos trabalhados nas aulas e na escola.

Os métodos referidos anteriormente têm um núcleo comum: a potencialidade da realidade da educação básica para impulsionar o saber e o interesse, por parte dos estudantes, pela utilização das experiências de vida, dos problemas socioprofissionais atuais e dos verdadeiros projetos e programas de melhora permanente, entendidos como os mais relevantes cenários para aprender a trabalhar e se preparar para convergir com os demais estudantes europeus. Esse âmbito se baseará na grande metáfora da globalização: pensar com uma mente global para se identificar e se comprometer com a solução dos problemas locais.

Os problemas são detectados na vida das empresas e das comunidades e cada pessoa deve ter ciência de sua complexidade, evolução e impacto contínuo em um mundo em incerteza e contínua transformação tecnológica.

O professorado deve ter ciência da amplitude das novas competências e do papel que cabe aos estudantes na criação dos meios e das tarefas que os transformem nos verdadeiros responsáveis por sua formação, aprofundando a qualidade desta para atender aos diversos e sempre novos problemas.

Cada aula deve ser transformada em um laboratório que analisa as situações presentes e futuras das organizações, promovendo as modalidades de intervenção mais representativas e valiosas e ampliando continuamente o papel reflexivo e inovador dos estudantes. O desafio da ação e do compromisso na solução dos problemas, ao lado da elaboração dos programas mais adequados para superá-los, vai além da interiorização do conteúdo, do significado da sabedoria; compromete a escola na busca de soluções criativas para as situações e os conflitos das organizações e dos seres humanos.

A escola deve se sentir ativa e comprometida com a formação de base voltadas às competências mais criativas e profundas dos estudantes, tornando realidade essa finalidade no trabalho diário das aulas, das práticas e de todas as atividades do mundo.

A sala de aula de formação não pode reduzir-se às paredes clássicas da escola; deve abrir-se à sociedade, às comunidades e às empresas, cujas necessidades e expectativas passam a fazer parte do novo plano de estudo da instituição superior.

Com isso, os métodos didáticos constituem o componente básico da tarefa docente, dado que são a resposta mais adequada para ensinar aos estudantes: Como conseguir que cada pessoa adquira as competências mais pertinentes para sua vida profissional e o caminho mais formativo para alcançá-las?

Os métodos não servem só para ensinar e aprender as competências; eles evidenciam o modelo de ensino em sua globalidade, que o corpo docente melhor experimenta em suas imagens e concepções, desenvolvendo um clima pertinente para facilitar a aprendizagem satisfatória e motivadora dos estudantes.

Os estudantes descobrem o valor e a potencialidade dos métodos dos professores e a atitude de aceitação ou rejeição que neles exercem, elaborando, por sua vez, imagens de empatia ou de desagrado e encontrando o modo mais criativo de aprender a aprender e experimentar pessoalmente o processo de aquisição de competências.

O ensino das competências é, basicamente, um processo de coaprendizagem entre docente e estudantes, e destes entre si, criado em colaboração para consolidar um estilo de indagar, ensinar e aprender com clara projeção na formação criativa e socioprofissional de cada estudante.

1.10 Processo formativo das competências sob um enfoque integrado e transdisciplinar

O estudante, como aprendiz, é um ser holístico e complexo, que aprende em situações de incerteza. Consequentemente, o modelo didático para formar os estudantes no domínio das competências (comunicativa, matemática etc.) deve ser global e compreensivo, de tal modo que se trabalhe harmoniosamente, durante a educação básica, o domínio inter-relacionado e em complementaridade permanente de todas e cada uma das competências – embora destaquemos, em algumas delas, uma maior ênfase específica na contribuição de tarefas analíticas, de criação de materiais *ad hoc* que desempenhem a competência, bem como de atuações que impliquem o corpo docente como equipe, a escola como unidade formativa, a comunidade educacional como cenário prototípico da competência social e comunicativa, além da urgência de adaptar os recursos didáticos, desde a hemeroteca até a sala de informática, para que todo o complexo formativo esteja harmoniosamente colaborador e comprometido com as necessidades formativas de cada estudante. A competência é a síntese entre o pensamento criativo e ativo, o conhecimento amplo, contextualizado e rigoroso e o desenvolvimento de destrezas, atitudes e valores que em seu conjunto devem estar compartilhados, integrados e melhorados. Vidorreta (2007) propõe a integração de atividades em torno a núcleos com sentido, a partir dos quais se pode retomar a informação, organizá-la e compartilhá-la quinzenal ou mensalmente com todos os participantes, em sala de aula e na escola. O trabalho por competências docentes e discentes é, essencialmente, uma busca criativa para formar, de maneira autônoma e colaborativa, os verdadeiros protagonistas da escola: os estudantes e a comunidade educacional em seu conjunto. Consequentemente, pelo menos durante uma quinzena a cada trimestre, devemos escolher um núcleo de interesse de caráter transdisciplinar, intercultural e ecoformador, originado, se possível, na comunidade educacional e, se não, na equipe de professores que elaboram a experiência transformadora de sua prática para analisar o domínio que o corpo docente tem das competências respectivas: comunicativa, matemática, social, geo-histórica, contextual etc., transformando a prática em uma situação de pesquisa compartilhada entre estudantes, docentes e comunidades participantes da escola. O modelo do núcleo problemático será precedido pela identificação das competências citadas e pela formulação de alguma subcompetência que cada docente e seus estudantes devem ir dominando e avançando intensamente em sua consecução. Como complemento do anterior, devemos aplicar tudo o que explicaremos posteriormente acerca da inter-relação entre saberes interdisciplinares, sistema metodológico integrado, tarefas e situações problemáticas relevantes, meios didáticos clássicos e tecnológicos e flexibilidade organizativa do agrupamento de estudantes e professores. A integração do desenvolvimento das competências durante a quinzena transforma-se em um processo de indagação/inovação que se elabora, investiga e melhora continuamente e torna todos mais competentes e compreensivos das realidades de ensino-aprendizagem. Esse processo deve se seguir à complementaridade metodológica de utilização de histórias de vida/narrativas, auto e coobservação perseverante, estudos de caso, análise de tarefas, interpretação do discurso, grupos de discussão, entrevistas a fundo e análise permanente dos resultados, complementaridade de métodos, técnicas e agentes, mediante o desenvolvimento de uma cultura de reflexão e inovação acerca do sentido, da transformação e da melhora da educação integral dos estudantes e do desenvolvimento profissional do corpo docente.

1.11 Competências docentes

O modelo de competências do corpo docente foi se consolidando com diversas pesquisas – Medina e colaboradores (2006), Zabalza (2003), Villar (2004), Perrenoud (2004) –, que avalizam o modelo de formação de docentes por competências e evidenciam o necessário domínio que o professorado deve ter delas caso pretenda ser capaz de formar seus estudantes nelas.

As competências dos professores que devemos desenvolver, em coerência com as propostas dos estudantes, têm um núcleo comum, que é a competência de identidade profissional que se concretiza no conhecimento profundo da profissão, na atuação em coerência com os modelos didáticos emergidos e a plena satisfação em desempenhar essa tarefa e melhorar permanentemente. A identidade dos docentes fica explícita no modelo de formação e de autenticação profissional com que cada educador executa a tarefa formativa e que se faz realidade no estilo docente e na prática reflexiva coerente com ele.

O domínio, por parte do docente, dessa competência requer a utilização da metodologia narrativa e a autoanálise profunda acerca dos motivos e das circunstâncias pelas quais assumiu essa complexa tarefa docente e, em coerência com ela, questiona que nível de harmonia e de equilíbrio emocional domina sua prática e como compartilha com os colegas o processo de desenvolvimento profissional e de melhora contínua da prática em interação com os estudantes e a comunidade educacional, constituindo um referencial que nos permite aprofundar nossa identidade profissional, à medida que os estudantes assumam nossa tarefa e se sintam motivados por nosso modelo de trabalho e pela atuação global na vida profissional. Ainda, a comunidade educacional e os colegas compartilham elementos fundamentais de reflexão, pontos de inovação e tomada de decisões e, singularmente, a repercussão de nosso trabalho docente na comunidade de educadores e de instituições formativas. O avanço nessa competência depende do processo de aprendizagem profissional e institucional que o docente acompanha, do nível de comprometimento com sua tarefa e do âmbito de colaboração que gera com os colegas e com a comunidade educacional em geral.

1.12 Competência comunicativa

O professorado constitui um corpo de docentes caracterizado pela utilização da prática como um referencial fundamental para melhorar sua profissão e analisar sua influência nos estudantes. A tarefa docente é, essencialmente, uma atividade comunicativa, mediante a qual se constroem os cenários mais favoráveis para facilitar aos estudantes a aprendizagem relevante e a aquisição e o domínio das competências que elaboramos. A competência comunicativa fica explícita no discurso que cada educador desenvolve ao desempenhar a tarefa de ensino e mediante a qual é necessário realizar o mais adaptado processo comunicativo. Rodríguez Diéguez (2004) considera que o ato didático é o processo comunicativo mediante o qual o docente explicita as mensagens e, por meio do canal adequado, consegue sua intelecção e compreensão pelos estudantes. O processo de comunicação em contextos interculturais requer um novo discurso que atenda tanto às características dos estudantes quanto aos processos de busca de sentido da comunidade pluricultural. O discurso é composto de elementos verbais que devem ser trabalhados sistematicamente pelos professores. O componente semântico é importante no discurso e sintetiza os saberes elementares dos campos de conhecimento que o corpo docente deve selecionar, organizar e sequenciar em colaboração com seus estudantes, para que se conectem com suas experiências e adquiram o verdadeiro sentido. Em complemento ao código verbal, os professores devem ter ciência do não verbal, isto é, dos gestos, dos olhares, dos movimentos, da interação próxima e média que os professores mantêm com os estudantes e avalia sua pertinência e adaptação em função das diferentes culturas presentes na sala de aula.

Os códigos anteriores se enriquecem com os componentes emotivos e sentimentais que acompanham o código paraverbal e que se faz presente por meio das tonalidades e do sistema de entonação que cada professor utiliza em sua relação explícita com os estudantes, empregando desde tons agudos em momentos complicados até tons graves ou silêncio. O domínio dos códigos em cada uma das situações de ensino-aprendizagem requer a gravação e a visão atenta do discurso desenvolvido na sala de aula, que deve ser meticulosamente analisado nos três códigos, o metatexto e o contexto no qual adquire todo seu significado. O domínio dessa competência é fundamental para todo profissional que trabalhe em relações humanas, mas constitui o núcleo do processo de ensino-aprendizagem para os professores e para os estudantes, tanto na sala de aula quanto em todas as facetas da vida social.

A competência metacomunicativa, ou metacompetência, nos contextos interculturais, concretiza-se no domínio bilíngue de pelo menos a língua comum e a de algumas das culturas presentes na sala de aula. A interação e a comunicação científica no EEES[4] está propondo ao professorado uma preparação inicial em um desejado bilinguismo ou trilinguismo, mediante o qual exercer sua docência em um âmbito europeu, no qual a riqueza e pluralidade de línguas está demandando a aceitação de alguns idiomas comuns imprescindíveis para construir a nova Europa e encarar os desafios do EEES. A máxima fluência e estrutura neuronal para a aprendizagem das línguas fica evidente na infância entre os 3-4 e 12 anos. Assume-se, nos sistemas educacionais europeus, que os estudantes, ao concluir a Educação Secundária, deveriam dominar com desenvoltura duas línguas e realizar uma aproximação gratificante de uma terceira. Consequentemente, a competência comunicativa no EEES demanda do corpo docente, pelo menos em sua formação inicial, uma competência comunicativa que permita entender duas línguas e, dada a complexidade intercultural em muitas salas de aulas, questionamos a possibilidade de entender e trabalhar alguma língua majoritária dos estudantes da escola: alemão, polonês, romeno e, principalmente, as modalidades de aplicação linguística do espanhol no entorno equatoriano, boliviano, por sua interação com os quíchuas e aimarás. O discurso intercultural é o

---

4 Espaço Europeu de Educação Superior. (N. da T.)

novo desafio que os professores se propõem nas aulas, que exige a elaboração de novas tarefas, materiais didáticos e métodos pertinentes com a riqueza e as demandas formativas do novo milênio.

O avanço na competência comunicativa deve ser feito no domínio e na atualização da capacidade de escrita e do hábito de leitura que nos permita desenvolver as subcompetências de caráter comunicativo, tais como: narrativa, aprender a contar; socrática, aprender a interrogar; explicativa, aprender a expor e a justificar nossas concepções, juízos e saberes; dramática, aprender a representar os aspectos tragicômicos da existência; poética, aprender a expressar com beleza o pensamento e a compartilhar novas formas de vida e de intercâmbio lúdico e afetivo entre os seres humanos.

O domínio dessa competência e da melhora contínua requer a autoanálise da prática, a observação e a coobservação participante e o compromisso com um conhecimento artístico das diferentes formas de interpretar o verdadeiro papel do docente, cujo estilo artístico deve ser melhorado com um processo de reflexão, de pesquisa e de inovação permanente.

1.13 Competência social e geo-histórica

A perspectiva de formação dos estudantes baseada na formulação e na construção indagadora de novos problemas deve ser realizada em um duplo esforço, individual e colaborativo.

As diferentes perspectivas do modo de elaborar o conhecimento histórico e seu papel, desde o positivismo até as escolas das mentalidades ou a história narrativa, são apenas algumas das inúmeras visões para entender o saber histórico. As perspectivas enriquecem o conhecimento da história das culturas no momento atual. Martínez (2004) destaca a dificuldade e a grande necessidade de um profundo conhecimento das culturas árabes e da grande opção transcendente, como o islamismo, necessitadas de uma nova e fecunda transformação.

Um mesmo conceito, como poder ou revolução, de acordo com o enfoque de partida, faz-nos questionar seu valor e significado, segundo as escolas de pensamento, os grupos de poder e os processos de avanço do conhecimento.

A maioria dos conceitos tem um elevado nível de abstração, não se ajusta aos procedimentos de organização do saber e fazer científico, requer um nível adequado de vocabulário e a iniciação na metalinguagem. Se a isso somarmos a complexidade linguística das diversas culturas e enfoques, o que é esperável para integrar e justificar um conjunto razoável de conceitos e processos no devir histórico? Como enfocá-los e trabalhá-los em relação aos condicionantes econômicos, políticos, sociais, antropológicos e religiosos?

O programa de formação: modelo de capacitação docente

A discussão mais relevante na pesquisa de Domínguez (2006) está na proposta conceitual e fundamentada do modelo de formação, que pode servir de base a futuros programas de atualização docente em contextos interculturais, que se sintetiza em:

Figura 1.1 – *Modelo de capacitação docente*

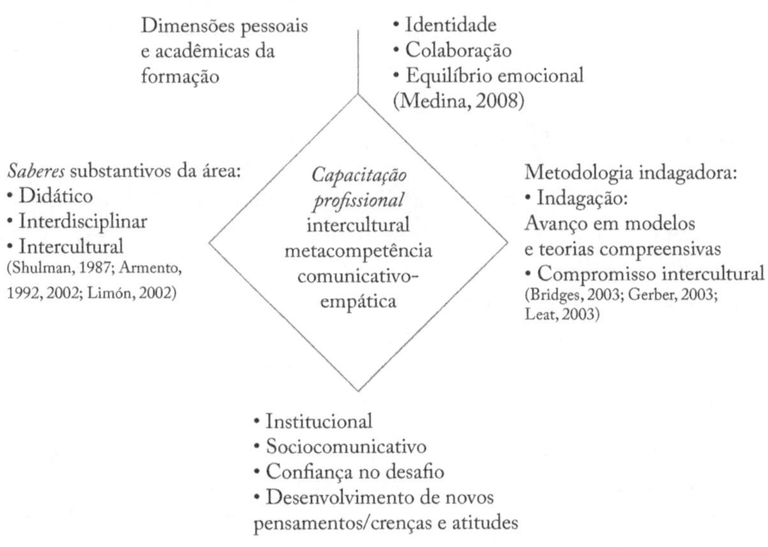

A base teórica da pesquisa foi fundamentada nos autores mais representativos do campo e nas dimensões mais criativo-inovadoras da vida profissional. O compromisso institucional e a total implicação docente no âmbito plural das culturas que interagem na escola, na sala de aula e em sua globalidade estabelecem a nova e fecunda tendência da abertura e da sincera busca entre civilizações em tensão.

A preocupação essencial foi ampliar o saber na formação de docentes no âmbito intercultural, com a análise profunda e a emergência dos verdadeiros problemas que subjazem às ações em classe e à singular contribuição para sua melhora dos processos de ensino-aprendizagem, ao trabalhar o conhecimento social e intercultural nas escolas e classes.

O processo de pesquisa é emergente e se enriquece com a contínua leitura e análise dos autores relevantes no campo, o estudo e a discussão intercultural nas escolas e salas de aulas, o desenvolvimento dos cenários de sentido e interação criadora que devemos fazer avançar e melhorar em novas comunidades de coaprendizagem intercultural, com a criação de escolas e salas de aulas plenamente interculturais.

Incorporou-se às decisões clássicas de ampliação permanente do estado do conhecimento – em relação ao problema de pesquisa – o estudo inovador e esclarecedor das fontes de conhecimento, das vias de inovação e dos projetos e processos didáticos tal como são vividos, entendidos e simbolizados por toda a comunidade educadora, e especialmente pelos docentes, que pretendíamos que fossem vividos como verdadeiros coadjuvantes da pesquisa intercultural.

O processo de reflexão

Nossa pretensão foi nos aprofundarmos na complementaridade da questão, entre as obras e os autores mais relevantes no âmbito da Didática das Ciências Sociais, na análise e na complementaridade permanente, no diálogo e no avanço de saberes entre colegas – tal como explicitamos nas linhas de formação de docentes em sua maior amplitude, como no estudo da prática vivida no dia a dia nos processos de ensino-aprendizagem das Ciências Sociais – Geografia, História, Arte etc. (Domínguez, 2006).

Procuramos fazer com que a evidência dos problemas vividos nas salas de aulas fosse um núcleo essencial nessa linha, preocupando-nos em fazer emergir os processos de ensino-aprendizagem interculturais em toda a sua amplitude, em suas contínuas adaptações e na dificuldade crescente para atender à polifonia de culturas que se faziam presentes em cada sala de aula, na instituição educacional, nos novos cenários cidadãos e nos plurais cenários comarcais.

A complementaridade e a reflexão na prática de cada docente em sua sala de aula foi enriquecida por nós com os atuais estudos de caso, pesquisa em curso, no cenário castelhano-manchego, além de estarmos buscando um espaço de elaboração interdisciplinar de materiais didáticos nos quais o conhecimento e o saber geo-histórico sejam um aspecto central, mas com um enfoque holístico.

1.14 Competência matemática

A competência matemática é subdividida – entre outros documentos, no projeto Tunning – em competências genéricas e específicas. Assim, as competências genéricas podem ser configuradas em qualquer campo e se concretizam na capacidade de aprendizagem, de análise e síntese etc. e, como o nome indica, é comum a quase todas as disciplinas, ao passo que as competências específicas fazem menção a uma área temática.

Essas competências específicas se concretizam em: idealizar demonstrações, modelar matematicamente uma situação e resolver problemas com técnicas matemáticas. O projeto Alfa-Tunning para a América Latina ampliava aquelas, incluindo: conceitos básicos da matemática, desenvolvimento de argumentações lógicas, expressão correta utilizando a linguagem matemática, desenvolvimento de teorias matemáticas, formulação de problemas, abstração dos problemas essenciais etc.

A competência matemática contemplada no informe Pisa é definida como uma capacidade do sujeito para identificar e entender a função que a matemática desempenha no mundo, emitir juízos fundamentados e utilizar a matemática de maneira que possa satisfazer as necessidades da vida, dos indivíduos como cidadãos construtivos, comprometidos e reflexivos. Essa competência destaca o caráter funcional do conhecimento matemático e sua transferência, de maneira reflexiva, à multiplicidade de situações da vida e pressupõe o domínio de um vocabulário rico e a combinação criativa das formas de pensar e tratar otimamente os dados. O sentido de projeção do saber matemático à vida é a finalidade mais importante da competência e o núcleo do pensamento matemático, componente básico, que se concretizaria em:

- linguagem matemática;
- domínio da quantidade, do espaço e da forma, da mudança e da incerteza.

Em síntese, a linguagem matemática integra os seguintes elementos:

- compreender o sentido dos enunciados para que possam ser avaliados como verdadeiros ou falsos; entender as estruturas do comportamento racional e diferenciar os raciocínios corretos dos falsos, utilizando os conceitos com o rigor e a pertinência adequados;
- dominar a quantidade como componente da competência matemática, o que implica:
  - ter sentido numérico;
  - compreender o significado das operações aritméticas;
  - ter sensibilidade para com as magnitudes;
  - saber realizar cálculos de maneira adequada.

O domínio do espaço e da forma se concretizaria no reconhecimento de padrões, na codificação da informação visual, na compreensão das diferentes formas e na adequada orientação no espaço.

O componente de mudança como manifestação natural da multiplicidade de relações entre diversos elementos se torna realidade quando o sujeito representa as mutações de uma forma compreensível, identifica tipos específicos de mudanças e controla o universo em sua globalidade.

A incerteza como um aspecto fundamental do conhecimento matemático concretiza-se na necessidade de estimar os processos de probabilidade, os modelos de elaboração de dados e a quantificação e explicação das variações.

O processo matemático propriamente dito, na opinião dos autores relevantes do campo e dos informes citados, pode ser esquematizado nas seguintes fases:

- análise do sistema;
- formulação do problema matemático;
- solução do problema;
- validação da solução;
- reformulação do problema e aplicação da solução.

Os professores Ramos e Tejero apresentam como componentes da competência matemática os grupos de capacidades, que analisarão mais amplamente nesta obra, dentre os quais destacam os de reprodução, conexões e reflexão, por sua vez, subdivididos. Por exemplo: o de reprodução em pensamento e raciocínio, argumentação e comunicação.

Nossa proposta é apoiar o corpo docente para que revele o conjunto de tarefas e de formas de ensino-aprendizagem mais pertinentes para que, como professor, construa um novo sistema de pensamento e raciocínio matemático, isto é, que reelabore as definições, lide com os conceitos matemáticos e faça isso com uma visão projetiva e de solução dos problemas habituais e abstratos que seus estudantes encontram. Em especial, os professores devem argumentar quais processos de cálculo são mais pertinentes e que modelos são mais apropriados para a solução dos problemas propostos. A base do domínio da competência matemática na docência se encontra em aplicar processos de comunicação que permitam aos estudantes entender os problemas, relacioná-los com os fatos da vida e encontrar a transferência à necessária abstração matemática. Por isso, a construção de modelos, a representação e a rigorosa argumentação configuram os componentes básicos da competência que o corpo docente de matemática deve identificar, transformar em um projeto prático e realizá-lo com uma atitude rigorosa.

1.15 Integração das competências: novas contribuições

Consideram-se as competências docentes integradas pelos estilos de ser, saber, agir e comprometer-se na prática docente a síntese de formas de conhecer e aprender a realidade formativa, o pensamento na ação para resolver novos problemas, o desenvolvimento de novos modelos e tarefas de trabalho, a vivência do saber e fazer pessoal e profissional.

Por que as competências docentes hoje? As competências, na sociedade atual, são trabalhadas por sua influência na melhora dos sistemas educacionais, na transformação do pensamento e da ação, na resposta às exigências da sociedade do conhecimento e na construção de um estilo novo de trabalho; é a exigência demandada por modelos de ser e fazer expressos na vivência em colaboração com os problemas e práticas formativas.

O que significa Espaço Europeu de Educação Superior? Significa o acordo, no domínio de competências profissionais, entre todos os países da União Europeia, o desenvolvimento colaborativo e a convergência entre as universidades em um núcleo substancial, a ligação de interesses entre o mundo do trabalho e a universidade expressos na coerência entre os saberes acadêmicos e as necessidades das organizações.

Porém, tanto o processo quanto os resultados formativos por competências não estão livres de críticas, dado que podem se transformar em reducionismo da educação ao domínio das competências, orientação excessivamente utilitarista, tendência à homogeneização das práticas educacionais, exteriorização dos saberes e fazeres como horizonte que nos situa em uma volta à eficácia e à eficiência, limitação do saber ao fazer e a pressão dos informes externos e internacionais.

Porém, precisamos de uma síntese transformadora que nos propicie, por um lado, aprender com base em modelos complexos e integrados e, por outro, o avanço nos novos enfoques do processo de ensino-aprendizagem que gera um espaço de abertura, flexibilidade e desenvolvimento integral das competências, uma ecologia de saberes e um uso criativo das TICs, que facilitam a recuperação do sentido e do destaque da educação integral.

Entre as competências que os docentes apontam, devemos destacar a identidade profissional, que nos leva a questionar: O que representa para a construção da identidade profissional o conhecimento da profissão docente, a prática transformadora da tarefa educacional, a disposição favorável a inovar e desenvolver a tarefa docente, a implicação com as escolas, colegas, comunidade educacional e desenvolvimento sustentável do entorno, a integração dos componentes de conhecimento, ação, atitude e compromisso profissional, estruturados em uma competência essencial para o corpo docente e os estudantes?

O que implica a identidade profissional? Avaliamos essa metacompetência aplicada ao desenvolvimento profissional como básica para consolidar o modelo de transformação integral do professorado e nos compromete com um questionamento de nossa profundidade pessoal: a transformação no pensamento e na ação educacional, a assunção de estilos e modalidades de busca de sentido pessoal e profissional, além do avanço integral como ser humano e docente.

A pergunta central é: Por que desenvolver a identidade profissional?

É uma garantia para o avanço profissional de qualidade e o planejamento do docente. Essa competência transforma-se na base da cultura de inovação e da melhora da instituição educacional e dos docentes, ao conseguir o equilíbrio pessoal e profissional de cada educador.

A finalidade a que o corpo docente aspira é configurar essa competência que se concretiza em melhorar o desenvolvimento integral de cada professor e gerar equipes de trabalho colaborativo para transformar a escola em um cenário de pesquisa mediante o qual inovar a docência e construir um pensamento docente de qualidade, assumindo a tarefa educacional em toda sua complexidade.

A reflexão mais destacada nas entrevistas mantidas com os docentes foi encontrar um caminho adequado para desenvolver a identidade profissional em estreita interação com as demais competências e aplicar ao domínio do conjunto de competências docentes uma metodologia heurística apropriada ao problema de indagação.

Como construir as competências? As competências são dominadas mediante a aplicação dos métodos de reflexão mais pertinentes. Especialmente para a aquisição dessa competência, os mais adequados são a autobiografia (narrativa da prática profissional), a auto-observação, a observação colaborativa, os grupos de discussão, a autoanálise da prática, a análise de conteúdos do discurso e do processo educacional, a análise de tarefas etc.

Como aplicar as competências? A intenção de melhorar a identidade profissional deve estar em harmonia com o modo de aplicar as técnicas ao domínio das competências docentes, consideradas imprescindíveis para a formação do professorado e do ensino-aprendizagem das competências discentes. Assim, completamos os métodos citados com as técnicas mais adaptadas:

- autobiografia (biogramas/esquemas de vida);
- auto-observação (entrevista, caderno de campo, *portfolio*, escalas e registro de áudio/vídeo);
- observação colaborativa (desenho de imagens em espelho, cadernos de campo, gravações, sistemas de áudio e vídeo);
- grupos de discussão (análise do conteúdo dos textos, registro em áudio e vídeo);
- autoanálise da prática (registro da prática, caderno de campo);
- análise do discurso (gravação da aula, identificação de unidades de análise, registro de incidentes críticos etc.);
- análise de tarefas (*portfolio* e registro de tarefas na rede – *chats* etc.).

Essas técnicas e instrumentos podem ser ampliados segundo as condições e os sujeitos que vão trabalhar em colaboração.

O domínio das competências tem impacto nas pessoas e nas instituições. Entre elas, apontamos:

- docente (pessoal, profissional e institucional);
- estudantes (modelo de profissional, tutor qualificado e amigo crítico);
- famílias (apoio às famílias como ecossistema educador);
- escola (comunidade de aprendizagem e de desenvolvimento profissional);
- comunidade (docente como líder comunitário);
- sociedade (adaptação e desenvolvimento do conhecimento e do uso da TIC), aprofundando com diferentes intensidades na melhora da natureza e influenciando as competências para o desenvolvimento profissional de cada docente.

Em síntese, o domínio da identidade profissional como metacompetência consiste na integração das competências docentes levando em conta o interesse e a personalidade do educador. Esta deve se transformar na base para a abertura e a transformação contínua do docente como líder pedagógico, constituído em um agente para a construção do desenvolvimento profissional e o domínio das competências. O estilo docente de natureza inovadora e pesquisadora, que atinge o equilíbrio entre o pensamento inovador, a inteligência emocional e a harmonia emocional, vê-se consolidado na construção da identidade profissional como a vocação alcançada e o modelo de prática formativa mais valioso para cada docente e instituição formativa, assumindo-a em estreita complementaridade e interdependência com as demais competências.

Representamos as competências mediante mapas. Os mapas seguintes representam sinteticamente as competências que os professores devem dominar e construir com os colegas e estudantes, bem como as subcompetências.

Quadro 1.2 – *Integração para o domínio das competências*

Competência comunicativa: subcompetências	
DOCENTES	DISCENTES
Narrativa	Narrativa
Descritiva	Descritiva
Expositiva/explicativa	Expositiva/oral
Interrogativa	Explicativa/escrita
Empático-colaborativa	Interrogativo-argumentativa
Artístico-poética	Empático-colaborativa
Disponibilidade integral	Artística
Interação didática	Relação comunicativa entre iguais
Competência intercultural: subcompetências	

(continua)

(*Quadro 1.2 – conclusão*)

DOCENTES	DISCENTES
Identidade pessoal e profissional	Identidade pessoal e cultural
Empatia	Empatia
Colaboração	Colaboração
Domínio do discurso	Discurso compartilhado
Abertura às culturas	Abertura às culturas
Integração e transdisciplinaridade do saber	Aprendizagem integrada e intercultural
Elaboração de meios interculturais	Uso de meios digitais/não digitais
Implicação conhecimento/ação intercultural	Implicação com a nova cultura escolar
Competência tecnológica: subcompetências	
DOCENTES	DISCENTES
Seleção de meios	Seleção de meios
Utilização de meios	Utilização racional
Coerência entre meios – interatividade	Coerência
Pertinência	Integração
Integração	Complementaridade (meios digitais e não digitais)
Estética	Participação em comunidades de aprendizagem
Complementaridade	
Domínio: *blearning*/projeto integrado meios/geração de novos ambientes de aprendizagem	
Projeto e desenvolvimento de programas (soft.)	
Geração de comunidades de aprendiza-gem	
Competência social/relacional: subcompetências	
DOCENTES	DISCENTES
Interação com pessoas e grupos	Participação na sala de aula e escola
Abertura às pessoas	Geração de comunidades de aprendizagem
Criação de comunidades de colaboração e aprendizagem social	Socialização
Liderança participativa	Trabalho colaborativo
Integração de saberes sociais e comunitários	Proximidade entre iguais
Transdisciplinaridade de saberes e estilos de socialização	Integração de saberes e ações formativas

O conjunto de competências requer uma visão integrada e transdisciplinar e o desenvolvimento de processos de ensino-aprendizagem baseados na complementaridade de métodos e de tarefas e no trabalho colaborativo entre todos os membros da comunidade educacional, singularmente o diálogo em grupos de encontro e de estreita interação entre todo o corpo docente. Representamos esse processo de integração no mapa seguinte:

Figura 1.2 – *Mapa da integração das competências*

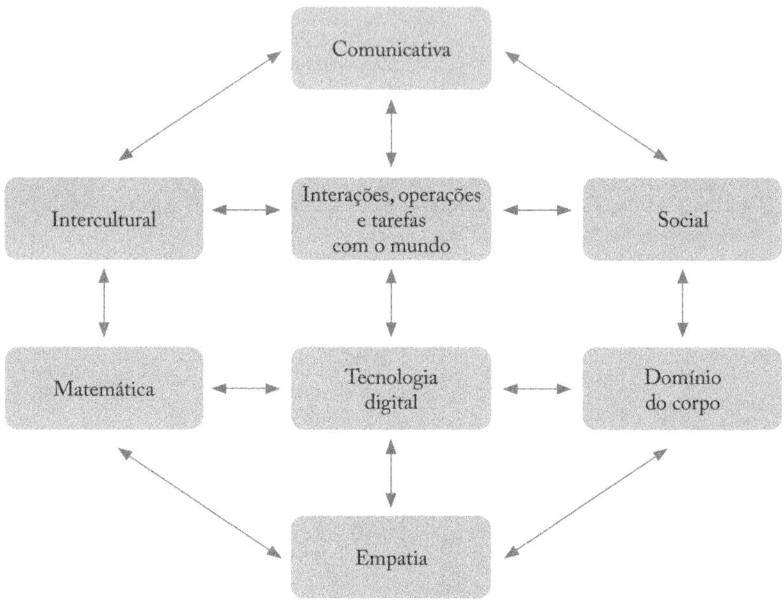

Para o desenvolvimento e a formação por competências, é preciso harmonizar os métodos em um âmbito de transformação integral dos sujeitos, que pode ser representado mediante:

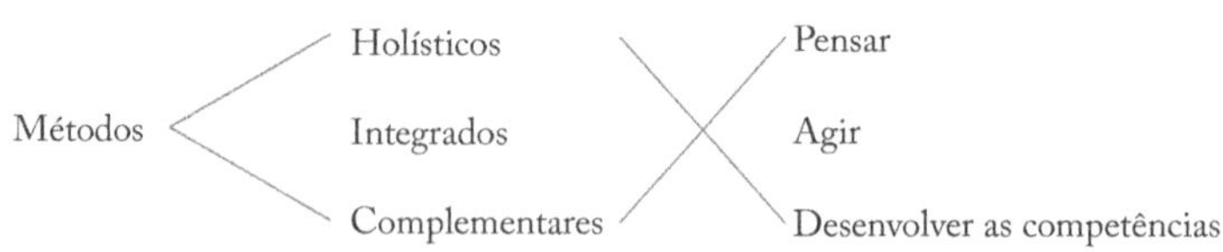

Portanto, devemos elaborar os discursos e os meios mais pertinentes e empregá-los na consecução integrada do conjunto de competências docentes/discentes.

Por outro lado, devemos transformar a visão da formação nas seguintes decisões:

- formar as competências ou educar integralmente os estudantes;
- formar, de modo holístico e inter-relacionado, o conjunto de competências docentes, avançando harmoniosamente em todos os componentes das competências:
  - › conhecimento/pensamento;
  - › ação/prática;
  - › atitude/valor;
  - › compromisso/implicação.

Deve-se construir um modelo que harmonize todas as dimensões da formação: o aprender a ser, o fazer, o convívio e o saber educacional na sociedade do conhecimento, em um cenário universal de melhora e ecologia dos saberes.

A educação integral, com base nas competências docentes, deve ser desenvolvida em interdependência, com a melhora e a transformação contínua dos discentes. Essa prática geradora de um novo estilo de atualização, qualidade e desenvolvimento profissional dos docentes requer: uma cultura e crítica ao sentido das competências e seu valor na formação integral dos estudantes; a interdependência entre o domínio das competências docentes/discentes; uma visão da formação integral do corpo docente além das competências, no âmbito de uma transformação contínua do sentido e do valor das práticas docentes; a geração de uma comunidade de aprendizagem em rede e o assentamento das bases de um novo cenário de colaboração entre escola, departamento e sala de aula (comunidades e grupos interculturais), a integração nas TICs em um estilo de viver e agir como docente para chegar a um desenvolvimento humano e de qualidade de vida além das competências.

Questões a responder no futuro: O que fazer diante do compromisso profissional de formação e domínio das competências? Como entender o EEES nas e além das competências? Que competências temos como docentes e quais devemos formar nos e com os discentes?

Bibliografia
Parte I

Allen, D. e Ryan, K. (1973): *Microenseñanza*. Paris: Dupont.

Barnett, R. (1996): *The limits of competence. Knowledge, Higer Education and Society*. Buckingham: Grhe e Open University.

Bednarz, S. e Bednarz, R. (2003): "Althernative Geography". Em R. Gerber (2003) (eds.): *International handbook on geographical education*. Dordrecht. Kluwer Academic Publisher, p. 99-113.

Brunner, J. S. (1972): *El proceso de la educación*. México: Utha.

Bloom, B. S. (1975): *Taxonomía de los objetos de la educación*. Alcoy: Marfil.

D'Hainaut, L. (1981): *Objetivos didácticos y programación*. Barcelona: Oikos-Tau.

Domínguez, M. C. (2006): *Investigación y formación del profesorado en una sociedad intercultural*. Madrid: Universitas.

Domínguez, M. C. e cols. (1996) (eds.): *La formación como base para el desarrollo integral de las comarcas*. Madrid: Uned.

Flanders, N. A. (1976): *Análisis de la interacción didáctica*. Salamanca. Anaya.

Instituto de Evaluación (2006): Informe Pisa (2006): Programa para la Evaluación Internacional de Alumnos de la OCDE. Informe Español. Secretaria Geral Técnica. Subdireção Geral de Informação e Publicações.

Krüger, R. A. (2008): *The significance of the concepts elemental and fundamental in didactic theory and practice*. J. Curriculum Studies, 40 (2), p. 215-250.

Lansheere, V. D. e Lansheere, G. (1977): *Objetivos de la educación*. Barcelona: Oikos-Tau.

Martínez, P. (2004): *Interculturalidad e Islam*. Em A. Medina, A. Rodríguez, A. lbañez (2004): *Interculturalidad. Formación del Profesorado y Educación*. Madri. Pearson Education.

Medina, A. (2007) (3.ª Reimpressão): "Interacción didáctica: procesos socio-comunicativos en el centro y aula". Em Sepúlveda, F. y Rajadell, N. (2007). *Didáctica General para Psicopedagogía*, Madri, Uned, p. 155-186.

Medina, A. (2008): "La convivencia en las escuelas interculturales: El clima social colaborativo y su incidencia en la mejora del acoso escolar". Em M. Guillén e B. Valenzuela (2008) (coords): *Itinerarios Metodológicos en la investigación social. Hermosillo*, Sonora: Unison, p. 179-204.

Medina, A. e cols. (2006): *Competencias del profesorado universitario ante el EEES. Estudios y análisis*. Informe. MECD.

Medina, A. e cols. (2007): *Perspectivas didácticas para el Siglo de la Educación*. Madri. Fundación Fernández Rielo.

Medina, A. e Domínguez, M. C. (2008) (eds.): *Formación integral, base para el desarrollo de las comarcas*. Madri: Universitas.

Medina, A. e Domínguez, M. C. (1996): *Diseño y desarrollo del curriculum para personas adultas*. Madrid: Uned.

Medina, A. (1980): *Sistema de objetivos integrados*. Paper. Congresso de Pedagogia. Granada.

Medina, A. e Mata, F. S (2002): Didáctica General. Madrid: Pearson Educación.

Medina, A., Dominguez, M. C. e Gento, S. (2007): "Flexibility of learning groups and their incidence on education of students from diverse cultures". *Meeting 2007:* Qualitative Approaches in the Field of Psychology: Berlim, 16-18 Fevereiro.

Pacios, A. (1980): *Introducción a la didáctica*. Madri: Kapelusz.

Perrenoud, PH. (2004): *Desarrollar la práctica reflexiva en el oficio de enseñar. Profesionalización y razón pedagógica*. Barcelona: Graó.

Perrenoud, PH. (2004): *Diez nuevas competencias para enseñar. Invitación al viaje*. Barcelona: Graó.

Titone, R. (1986): *El lenguaje y la interacción didáctica: teoría y modelos de análisis*. Madri: Narcea.

Vidorreta, C. (2007): *Sentido de las competencias básicas en la Ley Orgánica de Educación y Decretos de Enseñanzas Mínimas*. Paper; Albarracim, Oitavo Encontro de Inspetores de Educação.

Villar, L. M. (2004): *Programa de excelencia para la enseñanza universitaria*. Madri: Pearson Education.

Villar, L. M. e Alegre, O. M. (2006): *Competencias para la formación de evaluadores*. Málaga: Aljibe.

Villar, L. M. e Alegre, O. (2006): *Programa de excelencia para la enseñanza universitaria*. Madri: Pearson Education.

Villar, L. M. e Alegre, O. (dir.) (2006): *Desarrollo profesional del docente universitario* (DPDU). Sevilha: Universidade de Sevilha. Grupo de Pesquisa Didática.

Villar, L. M.; Alegre, O. M. (2006): "Online Faculty Development in the Canary".

Willmann, O. (1948): *Teoría de la formación humana*. Madrid: Gráfica Versal.

Zabalza, M. A. (2008): "*El Espacio Europeo de Educación Superior: Innovación en la enseñanza universitaria*". Revista Innovación Educaiva n. 18, p. 69-85.

Parte II
Competência comunicativa

Capítulo 2 Desenvolvimento da competência comunicativa do aluno de Educação Primária

José Luis Gallego
Francisco Salvador-Mata

2.1 Introdução

Para abordar o tema, é preciso fazer algumas precisões sobre os termos "competência" e "comunicação", cuja complexidade é evidente.

Em primeiro lugar, o termo "competência" (*competence*, em inglês) é utilizado, frequentemente, como sinônimo de habilidade (*skill*) ou de capacidade (*ability*), embora esses termos não sejam sinônimos. Assim, "capacidade" faz referência à possibilidade de adquirir ou de manifestar uma conduta (por exemplo, uma pessoa é capaz, ou está capacitada, para realizar uma tarefa, seja física ou mental), ao passo que "habilidade" se refere à conduta real, adquirida e mostrada habitualmente, com efetividade em sua função (por exemplo, uma pessoa se mostra hábil na realização de uma tarefa). Portanto, habilidade implica capacidade, mas não o contrário. Por outro lado, tanto a capacidade quanto a habilidade (e, portanto, a competência) podem se referir a conteúdos ou operações diferentes: conhecer, fazer e sentir.

Em segundo lugar, o termo "comunicação" é polissêmico e, portanto, complexo. Embora muitos seres possam se comunicar (as pessoas, os animais, as máquinas, as células etc.), aqui só abordamos a comunicação humana. Ela compartilha algumas características com outros tipos de comunicação, mas se diferencia radicalmente deles, no mínimo, por duas características específicas: a consciência e o código linguístico. Assim, os animais utilizam sinais para se comunicar, especialmente os relacionados com a corporeidade, que são similares aos que o ser humano utiliza; contudo, não se pode atribuir a eles estados de consciência, como os do ser humano. Por outro lado, tanto os seres vivos quanto as máquinas utilizam um código como instrumento de comunicação, mas só o ser humano possui o código da língua, um instrumento criado por ele mesmo para se comunicar (portanto, arbitrário e artificial).

Em perspectiva analítica, a comunicação implica que pelo menos dois entes (emissor e receptor), em um contexto determinado (em presença ou à distância), estabeleçam uma relação, para compartilhar informação (mensagem), mediante sinais de natureza diversa, cujo significado é conhecido por ambos (código compartilhado). Algumas precisões ajudarão a compreender melhor a comunicação humana e cada um de seus elementos.

Em primeiro lugar, o emissor, que envia a informação, e o receptor, que a recebe, devem intercambiar sua função, estabelecendo, assim, uma relação bidirecional e interativa, que a dota de dinamismo. Essa relação pode se estabelecer em diversos contextos (por exemplo, em presença ou a distância), cuja influência afetará outros elementos da comunicação, especialmente o código. Em segundo lugar, a informação compartilhada pode se referir a diversos conteúdos de consciência: conhecimentos, sentimentos e ações. Referir-se à consciência significa, também, que a comunicação requer uma intencionalidade nos interlocutores. Por último, o código é concebido como um sistema de sinais, aos quais se atribui um significado, por convenção social.

De acordo com a natureza dos sinais, o código (e, portanto, a comunicação) será verbal ou não verbal. Este deriva essencialmente da corporeidade. Assim, o corpo é o instrumento, cujas ações constituem os sinais do código (por exemplo, os gestos ou o pranto). Na outra forma de comunicação, utiliza-se o código verbal (ou linguístico). Este é constituído por sinais, cuja matéria básica são os sons articulados e organizados de acordo com um conjunto de regras, convencionalmente estabelecidas. Por outro lado, o código verbal tem duas formas de realização na atividade do sujeito: a oral, que corresponde à descrição anterior, e a escrita, que é uma adaptação do código verbal às situações de comunicação não presenciais. A esse efeito, constitui-se em um sistema secundário, cujos sinais são de natureza gráfica, embora concebidos como uma codificação dos sinais sonoros.

Obviamente, a efetividade e a conveniência de utilizar um ou outro código dependerá tanto do conteúdo da mensagem quanto da intencionalidade dos interlocutores. Assim, o código verbal pode ser mais eficaz para comunicar conhecimentos, enquanto, para comunicar sentimentos, às vezes, é mais efetivo o código não verbal. Pois bem, os dois códigos podem ser utilizados conjuntamente, de maneira que se apoiem mutuamente, reforçando, assim, a intensidade da comunicação e a clareza da mensagem compartilhada.

De acordo com Knapp (1982), não se deve incorrer no erro de estudar a comunicação não verbal de forma isolada do processo global de comunicação, ignorando a intencionalidade ou significado dos aspectos ou sinais do comportamento não verbal, porquanto estes validam ou questionam a informação que um emissor transmite. De fato, o comportamento não verbal pode regular, reiterar, negar, substituir ou complementar o comportamento verbal.

Concebe-se a comunicação não verbal como um conjunto de manifestações ou sinais, produzidos mais ou menos intencionalmente, que, não sendo estritamente verbais, transmitem informação. Assim, na comunicação oral, estes sinais podem ser utilizados: gestos, posturas, orientação espacial do corpo, relações de distância/proximidade entre os interlocutores, contato físico, expressão do rosto e troca de olhares. Por outro lado, na comunicação escrita, podem ser utilizados sinais ou procedimentos gráficos para expressar matizes da expressão ou diversas intenções: 1) sinais de interrogação ou exclamação; 2) sinais de pontuação, para regular o ritmo do discurso: vírgula, ponto, ponto e vírgula, reticências; 3) sinais para se referir a um interlocutor: travessão, dois pontos, aspas; 4) sinais para destacar uma expressão: tipo de letra, destaque, cores; 3) sinais para organizar o discurso: disposição do escrito no suporte físico. O estudo desses sinais está incluído na Pragmática como parte da Linguística.

Tradicionalmente, costuma-se atribuir à comunicação não verbal as seguintes funções (Argyle, 1978; Knapp, 1982; Forner, 1987; Camacho e Sáez, 2000):

1. apoio básico à produção linguística – as condutas verbal e não verbal estão estreitamente relacionadas;
2. regulação da interação, facilitando o processo de transmissão ou de recepção das mensagens;
3. determinação das relações (controle, submissão, súplica etc.) entre os comunicantes.
4. expressão na manifestação de afetos ou sentimentos.

Admitindo a variedade de comportamentos não verbais que podem ser identificados na relação comunicativa entre professor e alunos, em uma tentativa de síntese, apontamos, a seguir, os que produzem efeitos positivos e negativos no processo global de comunicação.

Quadro 2.1 – *Comportamentos não verbais em sala de aula*

Comportamentos não verbais dos professores	
Que contribuem positivamente para o sucesso da comunicação	**Que introduzem fatores negativos na comunicação**
• Sorrir, rir abertamente, mostrar animação. • Assentir com a cabeça para manifestar atenção, concordância ou estimular o aluno a falar. • Gesticular expressivamente, mas com moderação. • Utilizar as mãos para ilustrar ou regular a comunicação ou para enfatizar aspectos relevantes da mensagem. • Estabelecer contato visual com todos os alunos. • Tocar no braço ou no ombro. • Aproximar-se dos alunos, sem incomodar.	• Gestos irritados, denotativos de nervosismo ou ameaça. • Gritos ou elevação desmesurada do tom de voz. • Olhares de ameaça ou de crítica não verbalizada. • Falar muito depressa. • Permanecer estático, em pé ou sentado, atrás da mesa. • Deslocar-se nervosamente pela sala de aula. • Contradizer com os gestos o que se afirma verbalmente
Comportamentos não verbais dos alunos	
Que contribuem positivamente para o sucesso da comunicação	**Que introduzem fatores negativos na comunicação**
• Levantar a mão, para indicar que deseja intervir ou que conhece a resposta correta. • Expressar, mediante gestos, aprovação ou desaprovação. • Olhar para o professor enquanto ele fala. • Mexer a cabeça, para indicar que entende a explicação.	• Bocejar ruidosamente. • Olhar distraidamente pela janela. • Desviar o olhar quando o professor estabelece contato visual. • Manipular objetos, desenhar quando o professor fala ou outro aluno. • Mexer a cadeira.

Fonte: Camacho e Sáez, 2000: 83.

2.2 Metodologia da intervenção didática

O desenvolvimento da comunicação constitui, sem dúvida, um objetivo básico na Educação Primária. Sob essa perspectiva, a linguagem é percebida como um instrumento-chave para o desenvolvimento cognitivo, pessoal e social do aluno, um recurso indispensável para a aquisição das aprendizagens escolares e o sistema fundamental de comunicação humana.

Neste tópico, oferecemos um quadro metodológico geral, concretizado em chave de princípios e estratégias didáticas, com o qual se pretende orientar a ação pedagógica do corpo docente para facilitar o desenvolvimento da competência comunicativa dos alunos (que inclui um conjunto muito amplo de habilidades e conhecimentos referentes a quando falar, com quem, de que, como, onde etc. [del Río, 1993]). Esse desenvolvimento (conhecimento) implica a capacidade de adaptar as produções verbais dos aprendizes aos desafios comunicativos e às peculiaridades impostas pelas novas situações de comunicação (Bronckart, 2007). Em seções posteriores, serão descritos programas, métodos e técnicas para desenvolver a comunicação nos alunos, em suas duas modalidades principais: oral e escrita.

Princípios didáticos para a intervenção em sala de aula

O objetivo essencial da didática de uma língua é favorecer nos alunos o domínio dos recursos que lhes permitam se comunicar de maneira eficaz, visto que a comunicação é a função essencial da linguagem, que dinamiza todo o processo de aprendizagem da língua. O desenvolvimento da competência linguística se produz sempre a partir de uma necessidade de comunicação, que está intimamente relacionada com os interesses e experiências do falante. Portanto, uma primeira tarefa do professor é conhecer os interesses e as experiências de vida dos alunos – variáveis conforme a idade e os contextos comunicativos – para motivar o desenvolvimento das habilidades de comunicação.

Admitida a importância que se outorga à implicação dos estudantes nas atividades da sala de aula, Littlewood (1994) sugeriu quatro princípios para orientar o *como* estimular uma aprendizagem útil e significativa de uma língua em um determinado grupo de alunos. Esses princípios são habitualmente assumidos pelos especialistas.

O ambiente da sala de aula deve propiciar a comunicação e a aprendizagem

Embora ninguém discuta que a sala de aula é um espaço de comunicação e de cooperação (Sánchez-Enciso, 2008), os professores são responsáveis por transformá-la em um lugar privilegiado para a aprendizagem. Por sua vez, os alunos devem estar preparados para participar, sem restrições, das tarefas que nela se desenvolvem. É importante que os professores gerem um clima escolar no qual os aprendizes se sintam motivados à participação. Para isso, não podem ignorar que a necessidade de comunicação, intimamente relacionada com as experiências e os interesses pessoais, constitui o motor que impulsiona o desenvolvimento da linguagem. O aluno recorre à linguagem para se expressar e comunicar aos outros suas próprias vivências (Rosales, 1987).

Pois bem, o ambiente escolar depende, em boa medida, do modelo de relações que nele se estabelecem. Nesse sentido, o papel do professor é percebido como um dos elementos mais determinantes, visto que é ele, em última instância, que vai guiar, de forma direta, a aprendizagem de um grupo de alunos. A ele compete a organização do tempo, do espaço e do modelo de relações que se deve fomentar. Por isso, as características pessoais de cada professor, a forma peculiar de interagir com os aprendizes, a maneira de organizar a sala de aula etc. determinarão, de forma singular, toda a trama de relações que se estabelecer no grupo. É imprescindível, portanto, a criação de um ambiente agradável, acolhedor e seguro, no qual o aprendiz se sinta seguro e confiante para poder enfrentar os desafios que o conhecimento progressivo de sua língua lhe propõe.

A sala de aula ideal deveria refletir uma rede de relações pessoais, nas quais todos os aprendizes se sintam aceitos, apoiados e estimulados pelos outros. Essa relação interpessoal ganha um destaque especial porque surge de forma transversal no conjunto dos fatores que integram as tarefas do docente e que servem para avaliar seu grau de competência (Castellà, Comelles, Cros e Vilà, 2007). É preciso que o aluno fale, em intercâmbios estruturados, com o docente e com seus iguais, em um cenário que suponha a adaptação recíproca dos interlocutores às capacidades comunicativas do outro. Para isso, a sala de aula deve estar convenientemente organizada, disposta de maneira que permita o maior número de intercâmbios entre os participantes. Esse espaço não pode ser fechado, perpetuando-se um clássico ritual: uns ensinam e outros aprendem; uns falam e outros ouvem (Sánchez-Enciso, 2008).

A aprendizagem deve ser adequada aos interesses e às necessidades dos aprendizes

Os alunos dessa idade já possuem certo conhecimento de sua língua, tanto na modalidade falada quanto na escrita, o que deve ser suficientemente explorado pelo educador. Os conhecimentos anteriores, construídos a partir das interações realizadas pelos alunos, em situações comunicativas diversas e na execução das tarefas escolares, constituem o ponto de partida para planejar a aquisição de outras aprendizagens linguísticas mais complexas. O mais comum é que cada aluno ou grupo de alunos tenham participado, de alguma maneira, de experiências comunicativas diversas, segundo seu entorno sociocultural e sua idade, o que haverá lhes permitido adquirir diferentes ideias e preconceitos de grande utilidade.

A observação sistemática aparece, nesses casos, como a técnica mais adequada para realizar uma avaliação acertada do nível de desenvolvimento linguístico alcançado por cada aprendiz. Analisar a capacidade de iniciativa do aluno para atuar em relações comunicativas diversas, observar os modos de relação estabelecidos nos intercâmbios verbais, apreciar os usos da linguagem, a organização dos enunciados, as habilidades comunicativas utilizadas, o desenvolvimento do léxico etc. são de especial relevância para determinar a situação de partida sobre a qual planejar o desenvolvimento de novas competências comunicativas. Essa avaliação inicial dos aprendizes permitirá aos professores: a) detectar as dificuldades comunicativas de cada aprendiz, b) prevenir possíveis alterações linguísticas, c) estabelecer o tipo de ajuda mais adequado e d) centrar-se mais no que os alunos podem conseguir que em suas carências.

Ao fazer a conexão com os interesses e as necessidades dos alunos, incentiva-se a motivação para a aprendizagem, para sua participação em experiências específicas e para o uso dos materiais propostos. As atitudes têm um papel de destaque na consecução dos objetivos de comunicação (Sanz, 2005), e a motivação é percebida sempre como um fator determinante do sucesso no ensino da língua, embora a motivação para aprender dependa, ainda, da capacidade do docente para fazer o aprendiz ver que as tarefas propostas têm conexão com as necessidades futuras que o uso da língua impõe. Trata-se, pois, de propiciar experiências com as quais os aprendizes possam interiorizar os recursos, de maneira que possam, posteriormente, utilizá-los criativamente em outros contextos e situações comunicativas. Não há nada mais contraproducente para o desenvolvimento das capacidades comunicativas que obrigar os aprendizes a permanecer em silêncio. Incitar os alunos a falar e a escrever, a relatar experiências – prestando-lhes a devida atenção e fazendo as avaliações oportunas –, a participar de novas situações de comunicação é um recurso que estimula a atividade comunicativa dos alunos (Rosales, 1987).

Portanto, não basta deixar os alunos falarem e escreverem; é imprescindível fazê-los falar e escrever, estimulá-los a falar e escrever. Para isso, é preciso criar a necessidade e o interesse dos interlocutores, à base de experiências variadas, proporcionando-lhes as experiências linguísticas que não tiveram, as oportunidades e os estímulos pertinentes para desenvolver sua linguagem, de maneira que possam ir adquirindo uma autonomia verbal que lhes permita expressar seus sentimentos e pensamentos, bem como compreender as ideias dos outros. Uma vez conseguida a comunicação afetiva, individual e em grupo, o próximo objetivo será ajudar os aprendizes a desfrutar a linguagem, prazer que gerará uma atividade linguística muito rica e que alimentará sua capacidade de expressão.

Na aula de Língua, os processos são tão importantes quanto os resultados

A comunicação é um processo no qual os falantes "fazem coisas com as palavras", quando participam de uma conversa ou fazem uma representação. Mas a verdade é que, apesar do interesse pelo desenvolvimento de competências comunicativas nos alunos, a atenção tende a se centrar, no contexto da sala de aula, nos produtos observáveis, mais que nos processos de aprendizagem. Isso costuma ser feito, segundo Littlewood (1994), de duas formas: a) solicitando aos alunos a construção de um produto tangível, que possa ser avaliado – por exemplo, uma redação ou um diálogo escrito; b) prestando mais atenção às formas da língua que os aprendizes produzem – em particular, à precisão formal – que a sua efetividade comunicativa. É verdade que, quando os alunos enfrentam a construção de um produto tangível, ativam os processos internos de comunicação e aprendizagem que precisam desenvolver, mas o inconveniente ocorre quando deixa de ser relevante o propósito cumprido. Isto é, não se trata tanto (que também) de conseguir que os aprendizes encontrem as respostas corretas, mas de apreciar se as tentativas de encontrá-las foram capazes de estimular a comunicação útil e os processos de aprendizagem. Transferindo isso ao contexto imediato da sala de aula, poder-se-ia convir que, se os professores conseguirem que os alunos concedam importância aos produtos que lhes são demandados, provavelmente estimularão esses processos comunicativos, visto que os alunos, ao elaborar um produto tangível, põem em funcionamento processos internos de comunicação e de aprendizagem, necessários para o desenvolvimento das habilidades linguísticas. Como afirma Littlewood (1994), deve haver um equilíbrio sutil entre o processo comunicativo e o produto linguístico, de tal maneira que se reforce a implicação dos alunos na comunicação imediata e se ofereça a eles novas habilidades que lhes permitam alcançar um maior nível de competência em futuros contextos de comunicação.

Os alunos devem desempenhar um papel ativo na sala de aula

A tradicional vinculação da aprendizagem com a formação de hábitos outorgava aos alunos um papel passivo em sala de aula. Atualmente, parece razoável reduzir o papel dominante do professor em sala de aula e enfatizar a atividade dos aprendizes e sua implicação na aprendizagem da língua. Os professores serão encarregados de criar os cenários nos quais os alunos possam tomar decisões que afetam sua própria atividade de aprendizagem; para isso, as tarefas postuladas devem estar perfeitamente planejadas e atender a critérios de relevância, significação e facilidade de conquista de autonomia por parte dos aprendizes. A adequada gestão dos intercâmbios comunicativos exige que o docente ponha em prática duas habilidades decisivas: ouvir de maneira ativa e manter um diálogo construtivo (Sanz, 2005).

Como defende Littlewood (1994), a liberdade de escolha dos alunos deve ser ampliada progressivamente, de maneira que, quando os aprendizes gozam de uma maior autonomia para moldar os papéis que hão de adotar na execução das tarefas, consegue-se uma maior significância, mesmo que a tarefa seja ainda estabelecida pelo professor. Algumas das atividades mais pertinentes, nesse sentido, seriam os jogos de interpretação de papéis ou a improvisação e as discussões ou os debates, nos quais os estudantes devem decidir sua argumentação e atitude em relação ao tema escolhido.

Nas tradicionais pautas de atuação do professor (pergunta/resposta), os aprendizes gozam de pouca iniciativa e dificilmente lhes é permitido níveis de atuação própria. É necessário que os alunos tenham, cada vez mais, maiores cotas de autonomia nas decisões, segundo suas capacidades e interesses, com a finalidade de que possam ir desenvolvendo mais confiança em si mesmos. Os professores devem advertir, ainda, que as atividades que realizam na sala de aula são funcionais, que lhes servem para enfrentar com sucesso outras situações e experiências de comunicação. Não se trata só de os estudantes adquirirem um domínio formal de sua língua, mas de conquistarem as habilidades, as destrezas e as competências comunicativas necessárias para participar de forma eficaz de sua comunidade de falantes. Essa funcionalidade da aprendizagem linguística é diretamente vinculada ao enfoque comunicativo da língua, que se assenta, por sua vez, em três princípios básicos (Richards e Rodgers, 1986):

a) Princípio da comunicação – As atividades realmente comunicativas promovem a aprendizagem.

b) Princípio das tarefas – As tarefas realmente significativas também facilitam a aprendizagem.
c) Princípio do significado – A língua que é significativa contribui para o processo de aprendizagem.

Conforme o exposto, podemos inferir a necessidade de propiciar diversas situações de uso da língua e a pertinência de sua valoração como meio de relação com os demais e como veículo de comunicação, informação e gozo. De fato, a aprendizagem da língua não implica uma uniformidade de ação, no âmbito de um modelo linguístico único, inexistente, e sim a oportunidade de conhecer e apreciar a existência de diferentes variedades e registros, que podem ser utilizados em cada momento, da forma mais adequada a cada situação comunicativa (Zuccherini, 1992).

Estratégias de intervenção em sala de aula

Os modelos teóricos sobre o desenvolvimento da linguagem (comportamentalista, inatista, cognitivo etc.) inspiraram diversas metodologias para o ensino de uma língua. Pois bem, de um ponto de vista metodológico, o ensino-aprendizagem de uma língua pode ser abordado, em síntese, sob uma dupla perspectiva:

a) *Formal* – Neste enfoque, a língua é percebida como um sistema de regras, cujo conhecimento deve ser propiciado mediante a aprendizagem de suas estruturas gramaticais. Preconiza-se um enfoque gramatical, que outorgue aos alunos um conhecimento explícito das principais categorias e estruturas do sistema da língua (Bronckart, 2007). O ensino formal da língua implica ensinar seus componentes e leis internas (del Río, 1993) e ignora, amiúde, os aspectos semânticos e pragmáticos, implicados em qualquer intercâmbio comunicativo (Lomas, 2006).
b) *Funcional* – Sob esta perspectiva, a língua é concebida como um meio significativo de comunicação e enfatiza-se a precariedade dos conhecimentos gramaticais para adquirir a língua e a relevância dos processos naturais para sua aprendizagem. Ou seja, não podemos esquecer os processos cognitivos e funcionais implicados no desenvolvimento da língua. Aprender uma língua é, acima de tudo, saber como usá-la de forma adequada e coerente, em seus contextos de produção e recepção (del Río, 1993; Lomas, 2006).

Ambos os enfoques, porém, não podem ser considerados antagônicos, e sim complementares, embora, em perspectiva didática, o segundo devesse preceder o primeiro. Isto é, os alunos têm de adquirir as habilidades comunicativas necessárias para utilizar sua língua em contextos e situações de comunicação diferenciadas, bem como avaliar a importância da aprendizagem progressiva de regras e de vocabulário. Consequentemente, é possível assumir um enfoque comunicativo – baseado em uma concepção nocional-funcional da linguagem – no ensino da língua, de caráter integrador, eclético, no qual sejam feitas propostas didáticas que levem os alunos a adquirir sua língua, de uma forma natural, participando de âmbitos comunicativos diferenciados, mas sem desdenhar a aprendizagem progressiva das regras que regem esses intercâmbios, mediante a instrução direta.

Esse enfoque comunicativo no ensino da língua pode ser justificado por várias razões (Vilà e Vila, 1994; Lomas, 2006): a) centra-se na melhora da eficácia comunicativa dos alunos; b) prioriza o ensino dos procedimentos; c) integra o conhecimento linguístico formal e o domínio instrumental da linguagem; d) adota uma perspectiva cognitiva como referência psicopedagógica. É esta, precisamente, a concepção funcional da língua que aconselha que o contexto da atuação educacional se centre no discurso, no qual se fazem efetivas as diferentes funções da língua.

O objetivo último do enfoque comunicativo e funcional é que os alunos adquiram uma competência comunicativa adequada, isto é, que desenvolvam as capacidades de expressão, compreensão e reflexão sobre os usos linguísticos e comunicativos da língua, para que possam fazer um uso adequado dos códigos (linguísticos e não linguísticos) em diferentes contextos e situações de comunicação (Prado, 2004).

Sob o enfoque comunicativo, os aspectos compreensivos e expressivos da língua ocupam um lugar preferencial, de tal modo que o desenvolvimento de habilidades linguísticas se vincula diretamente à criação e execução das tarefas. Nesse sentido, devem ser elaboradas atividades que atendam às variadas situações de comunicação e às diferentes intenções que motivam os falantes a trocar mensagens: fala-se ou escreve-se para pedir informação, para entreter, para regular a conduta dos outros, para instruir, para informar, para contrastar ideias, para satisfazer necessidades, para argumentar, para explicar, para descrever, para narrar etc.

As atividades, por outro lado, são um componente substantivo da programação didática, visto que nelas se concretizam os objetivos e os conteúdos do ensino da língua e, portanto, vinculam-se diretamente ao trabalho cotidiano em sala de aula. Com essa finalidade, deve-se procurar ampliar o cenário de oportunidades de expressão na escola e garantir a funcionalidade das tarefas de Língua formuladas nas aulas. Ainda, a partir delas, deve-se facilitar uma progressiva e sistemática reflexão sobre as produções linguísticas, com a finalidade de contribuir com o desenvolvimento das habilidades discursivas. Os critérios que podem orientar a criação das tarefas são os seguintes:

- partir dos conhecimentos e ideias anteriores dos alunos;
- integrar diferentes tipos de conteúdo, facilitando sua aprendizagem;
- favorecer a participação ativa dos alunos;
- adaptar-se aos interesses e às necessidades reais dos alunos;
- propiciar o desenvolvimento das capacidades expressas nos objetivos didáticos;
- combinar o trabalho individual com as experiências em grupo;
- favorecer a transferência das aprendizagens realizadas a outros contextos e situações comunicativas;
- possibilitar o sucesso do aprendiz;
- provocar conflitos sociocognitivos;
- facilitar maiores níveis de autonomia linguística.

De qualquer maneira, as funções do professorado devem estar permanentemente orientadas à criação de condições adequadas à aprendizagem, para garantir a diversificação e o enriquecimento das habilidades comunicativas em qualquer situação ou contexto. Trata-se, enfim, de conseguir fazer com que a função comunicativa prevaleça sobre a função de representação da língua.

2.3 A comunicação oral

Características específicas da comunicação oral (a oralidade)

É um fato comumente admitido que, no contexto escolar, a escrita tem gozado de uma atenção preferencial, em detrimento da língua oral. Talvez a estabilidade e a permanência da palavra escrita tenham primado sobre a fugacidade e a instabilidade da palavra falada. O certo é que língua oral e língua escrita diferem por suas peculiaridades, funções e possibilidades de uso (Zuccherini, 1992; Cassany, 1993; Rosales, 1994; Liberman, 1995; Salvador-Mata, 2000) e podemos apontar, portanto, as características específicas de ambas as modalidades de comunicação. As características específicas da língua oral poderiam ser sintetizadas nas seguintes:

1. *Caráter universal da fala* – Todas as comunidades humanas criaram um sistema de comunicação oral, aprendido por seus membros e utilizado de maneira espontânea. A aprendizagem da língua oral começa nos primeiros momentos da vida.
2. *Caráter instável da língua oral* – A língua oral não se repete; seu uso espontâneo permite mudanças imediatas nas argumentações dos falantes e mais liberdade no uso dos recursos léxicos.
3. *Naturalidade na aprendizagem precoce da língua oral* – Salvo exceções, todas as pessoas conquistam a língua oral de forma espontânea e chegam a fazer uso mais ou menos competente dela. A aprendizagem dos sons (fonemas) de uma língua não encerra grandes dificuldades.
4. *Circularidade da relação comunicativa* – A língua oral implica proximidade dos falantes; estes podem trocar entre si, sistematicamente, seus papéis de emissor/receptor, graças à presença física de ambos.
5. *Relevância dos elementos suprassegmentais e extralinguísticos* – A entonação, as pausas, a intensidade, os gestos, as posturas e as expressões corporais são inerentes ao uso da língua oral. Dessa forma, a comunicação não verbal transforma-se, assim, em *natural companheira* da comunicação oral.

A habilidade de expressão oral (o falante)

A contínua mudança de papéis em uma conversação faz com que o falante seja ouvinte e vice-versa, de forma sistemática. Por esse motivo, em sala de aula se atenderá, por igual e de forma integral, ao desenvolvimento das habilidades expressivas e compreensivas dos alunos. De fato, o aluno deve se apropriar de um sistema linguístico que lhe permita falar e compreender, isto é, expressar os pensamentos e ideias próprias e compreender as dos outros. O desenvolvimento das destrezas expressivas e o das habilidades de escuta caminham indefectivelmente unidos.

Pois bem, falar não é uma emissão descontrolada de palavras; é a produção, mais ou menos consciente, de significados. Certo que o falante, durante suas emissões, não costuma ter consciência dos movimentos respiratórios, nem do papel desempenhado pelos diferentes órgãos fonadores ao articular a linguagem. Nesse sentido, poder-se-ia admitir que falar é uma atividade mental inconsciente (Gómez e Rodríguez, 1998).

Mas, se falar, como apontou Lentin (1980), é transformar um pensamento em uma sucessão fônica com um significado, deve-se admitir que, quando se pronuncia uma mensagem, o falante, de certa forma, realiza uma seleção dos elementos e das estruturas gramaticais que configuram seu discurso. Assim, poder-se-ia concluir que, durante a emissão, o falante entra em um jogo de equilíbrios, flutuante entre o polo da consciência e o da inconsciência.

De qualquer maneira, falar é uma atividade cognitiva e corporal e as habilidades de expressão oral de um sujeito dependem, do ponto de vista anatômico-funcional, da integridade dos sistemas sensoriais de audição e visão, do sistema nervoso central e do sistema fonoarticulador. Ainda, é necessário um suficiente controle respiratório, bem como a probidade morfológica dos órgãos periféricos da fonação e uma adequada motricidade bucofacial. Para que uma criança fale bem, precisa poder, saber e querer. "O poder e saber são determinados pela integridade dos sistemas e órgãos e pela aprendizagem. E o querer, pela influência de estímulos" (Alfonso e Ibáñez, 1987, 499). Falar exige, pois, certo desenvolvimento geral da criança e a possibilidade de que ela interaja com os falantes de seu entorno.

No contexto escolar, o ensino da expressão oral deve visar melhorar os usos linguísticos que os alunos já possuem, para que eles aprendam a se expressar em outros contextos e situações comunicativas mais formais (Prado, 2004).

A habilidade de compreensão oral (a escuta)

As condutas de atenção e escuta são necessárias para a aprendizagem da língua. É necessário que a criança seja capaz de reconhecer sons parecidos, para que os possa situar em uma cadeia fonética determinada. Mas, como apontam Gómez e Rodríguez (1998), as crianças nem sempre sabem o que ouvir nem como fazê-lo, razão pela qual é importante ensiná-las a ouvir, como uma atividade relevante no processo de aquisição de sua língua. Mediante as atividades dirigidas de escuta, as crianças se tornarão mais conscientes de seu sentido auditivo e melhorarão suas habilidades para distinguir entre diferentes sons o que repercutirá positivamente em sua capacidade expressiva, tanto no nível morfossintático quanto no léxico-semântico. As habilidades de escuta requerem concentração, retenção e tomada de decisões.

A compreensão é um processo ativo, que implica uma atividade cognitiva por parte do falante, e exige, portanto, a recuperação de materiais disponíveis na memória, além de um adequado funcionamento cognitivo, que permite um processo de previsão do discurso do emissor. Essa previsão, como sugerem Gómez e Rodríguez (1998), não é realizada só sobre as características sintáticas, lexicais, morfológicas e entonacionais da enumeração verbal do interlocutor, mas, de maneira simultânea, age sobre a significação do discurso percebido. A antecipação, que tem um papel essencial na recepção da mensagem do outro, depende, em grande medida, do funcionamento da estrutura da língua, que facilita a verbalização do pensamento próprio e a recepção do pensamento alheio. Por conseguinte, compreender não é uma mera recepção passiva da linguagem, e sim uma atividade produtiva, na qual o ouvinte interpreta significados e dá sentido às mensagens do falante. A compreensão oral implica um processo complexo de captação e interpretação da informação, em um contexto específico de comunicação, (Prado, 2004) e ativar determinadas estratégias ou micro-habilidades (Cassany, Luna e Sanz, 1994): reconhecer, selecionar, interpretar, antecipar, inferir, reter.

Fomentar a capacidade de escuta e de compreensão é relevante para incidir na diferenciação de situações de comunicação e no manejo de formas adequadas a cada contexto comunicativo. É necessário criar o costume de ouvir, de comunicar experiências, de descobrir o prazer da palavra e de compreender os pontos de vista dos outros, sem renunciar aos próprios (Zuccherini, 1992). Desenvolver a capacidade de escuta é fundamental para adquirir a língua; trata-se, em primeiro lugar, de perceber e discriminar sons e fonemas, que, posteriormente, permitirão desenvolver habilidades para pronunciar e organizar os enunciados (Lhote, 1995). Por isso, educar a compreensão significa facilitar o desenvolvimento de estratégias que permitam ao ouvinte analisar, relacionar, interpretar e avaliar a informação que recebe do falante em diferentes situações de comunicação.

Código de expressão oral *versus* código de expressão escrita

Existem estreitas relações entre as dimensões oral e escrita da língua, visto que ambos os códigos são modalidades de expressão dessa mesma língua, que comportam determinadas características e funções, mas também podem servir a finalidades muito díspares. Por isso, para o desenvolvimento de competências comunicativas, é relevante que os alunos adquiram um conhecimento suficiente dos códigos linguísticos. Seguindo as contribuições de diversos autores (Zuccherini, 1992; Cassany, 1993; Rosales, 1994; Liberman, 1995; Salvador-Mata, 2000), podemos sintetizar essas divergências nos seguintes pontos:

1. *Situação comunicativa* – A comunicação oral só é possível com a presença física dos interlocutores. A comunicação escrita é realizada a distância, sem a presença do interlocutor, o que dificulta a intercomunicação.
2. *Características da comunicação* – A comunicação oral é espontânea e o receptor deve compreender a mensagem no momento da emissão, dado seu caráter efêmero. Na comunicação escrita, o texto é elaborado e pode ser relido, dado seu caráter duradouro.
3. *Canal para a recepção da mensagem* – Na comunicação oral, o receptor por excelência da mensagem é o sistema auditivo. Na comunicação escrita é o canal visual.
4. *Peculiaridades das mensagens* – Na comunicação oral, os recursos paralinguísticos e não verbais são abundantes. Nas mensagens orais, passíveis de serem modificadas de forma imediata, costumam abundar as digressões, mudanças de assunto etc. Na comunicação escrita, os recursos paralinguísticos e não verbais são poucos. As mensagens escritas possuem maior grau de formalidade e ajuste a convenções sociais anteriores.
5. *Variáveis espaço-temporais* – A comunicação oral é imediata no tempo e no espaço. A comunicação escrita é diferida.
6. *Gramaticalidade das mensagens* – Na comunicação oral, aflora uma linguagem coloquial, emprego de orações simples e breves, repetições silábicas e uso de repetições por hábito. A comunicação escrita exibe uma linguagem mais elaborada e com maior precisão léxica.
7. *Instrumentos para a transmissão das mensagens* – A comunicação oral utiliza a linguagem verbal como veículo de informação (fonemas, sons). A comunicação escrita serve-se da linguagem escrita (grafias, letras).

Em síntese, o domínio dos códigos oral e escrito difere por duas razões fundamentais:

a) A aquisição da língua escrita encerra maior complexidade e exige do aprendiz uma atividade consciente e sistemática. A aquisição da língua falada costuma se produzir de forma espontânea e sem grandes esforços.
b) A aquisição da língua escrita implica o uso de instrumentos físicos e uma adequada coordenação de habilidades cognitivas e motoras. A aquisição da língua oral exige a integridade do sistema auditivo e o desenvolvimento suficiente dos órgãos fonadores.

O fim da educação linguística não consiste só no domínio de uma língua correta, precisa e flexível, mas também na capacidade de utilizar, em cada situação e para cada função que a linguagem pode cumprir, a variedade de língua adequada (Siguán, 1990).

Técnicas e recursos para o desenvolvimento da comunicação oral

Conforme o âmbito metodológico descrito, que visa à criação de um entorno linguístico apto para o desenvolvimento da capacidade comunicativa do aprendiz, parece necessário deter-se na análise de determinados aspectos, cujo domínio demanda uma exercitação sistemática por meio de técnicas muito específicas. As mais significativas seriam (Rosales, 1987; Cervera, 1993; del Río, 1993; Prado, 2004): vocabulário, descrição, narração, conversação, diálogo, dramatização e exposição. A maioria dessas técnicas facilita o desenvolvimento de habilidades linguísticas, tanto expressivas (falar) quanto compreensivas (ouvir), na medida em que são interativas.

Vocabulário

A relevância do léxico no processo comunicativo dá ao vocabulário uma importância capital. O grau de assimilação e domínio do léxico está vinculado a aspectos, tais como: o nível de experiências, o desenvolvimento intelectual, o sexo, a idade e a classe social, de tal maneira que a capacidade de compreensão e expressão dos alunos depende, em boa medida, do domínio linguístico alcançado.

A importância do desenvolvimento do vocabulário deve-se não tanto ao fato de incrementar o número de termos que a criança possa conhecer, e sim de procurar fazer com que ela utilize os vocábulos cujo significado já conhece, procurando o enriquecimento e a diferenciação progressiva dos matizes significativos das palavras. De fato, a aprendizagem do léxico não significa apenas aprender novas palavras, e, sim, e principalmente, aprender a utilizar com propriedade, em cada situação comunicativa, as que já conhece (Prado, 2004).

O uso de recursos como descrever, narrar, adivinhar, completar e inventar, sinônimos e antônimos, composição e derivação, prefixação e sufixação, polissemia, palavras cruzadas, sopas de letras etc. são especialmente úteis para o desenvolvimento do vocabulário infantil. É importante que os alunos utilizem, cada vez com maior precisão semântica, um léxico rico e variado.

Descrição e narração

A descrição e a narração são técnicas equivalentes, que podem ser desenvolvidas com diferentes níveis de complexidade. Segundo Rosales (1987), nas descrições, trata-se de desenvolver a capacidade de precisão expressiva do aluno, ao se referir aos diversos aspectos, componentes ou características de uma determinada realidade; porém, as narrações, mais que em realidades estáticas, centram-se em acontecimentos. Por isso, se na descrição o importante são os detalhes e sua organização, na narração interessa ressaltar uma ideia (ou várias), em torno da qual giram outras.

Deve-se procurar fazer com que a intervenção do professor não seja excessivamente diretiva nessa faixa etária, e, de qualquer maneira, se dará no final da atuação da criança, para não dificultar sua atividade. Um recurso especialmente motivador é o desenvolvimento da fantasia, fonte inesgotável de acontecimentos que podem ser relatados. Rodari (1979) propõe uma extensa série de situações para o desenvolvimento da imaginação e da fantasia: a) o binômio fantástico, b) as hipóteses fantásticas (o que aconteceria se...), c) a salada de histórias, d) as historinhas para brincar, e) os efeitos do "suspense", f) a mistura de manchetes de jornais etc.

Conversação, diálogo

O diálogo e a conversação constituem as técnicas mais naturais para o intercâmbio verbal. A conversação é a forma primigênia da comunicação, em que falante e ouvinte trocam continuamente seus papéis (De Luca, 1983; Prado, 2004), e constitui, talvez, o exercício de comunicação oral com maiores valores didáticos (Rosales, 1987). Para esses autores, por meio das diversas formas de conversação, o aluno desenvolve habilidades relevantes: a) de caráter mental (recuperação e organização de dados, compreensão de ideias, complementação ou enriquecimento de opiniões etc.); b) de caráter social (maturidade afetiva, troca de opiniões, respeito à vez de cada um etc.); c) de caráter linguístico (coerência discursiva, incremento do vocabulário etc.). O desenvolvimento didático da conversação pode adotar diversas modalidades, desde uma maior até uma menor formalização ou espontaneidade. Na etapa infantil, a conversação espontânea é muito adequada, quando os aprendizes têm liberdade de escolher o tema e intervir ou não, em um dado momento.

Nessa faixa etária, a atuação do educador deve evitar a monopolização da conversação por um ou vários membros e facilitar a participação de todos. Para estimular a conversação espontânea, o educador pode utilizar diversos recursos lúdicos, como as "conversas por telefone", "conversas de guichê" etc., com os quais potencializa, principalmente, o desenvolvimento da capacidade comunicativa, sob uma perspectiva intelectual, social e linguística.

Mas, como já foi apontado, também se pode visar maior formalização da conversação; por exemplo, para conseguir maior eficácia instrutiva. Nesses casos, o professor pode (Rosales, 1987): a) estabelecer o tema, o momento e a duração, b) dirigir as intervenções de acordo com a consecução de determinados objetivos, c) ressaltar os principais pontos que forem surgindo, d) evitar as digressões pessoais e apontar as incongruências que possam surgir, e) sintetizar ou estimular os alunos a fazer resumos ou anotações que lhes permitam reorientar o andamento de suas intervenções.

Dois perigos, porém, espreitam a importância didática da conversação para o desenvolvimento das habilidades comunicativas (De Luca, 1983): a) ignorar que a conversação não é um interrogatório – conversar não é responder a um questionário prévio; b) considerar a conversação como uma soma de monólogos – não conversar sozinho é dizer o que se pensa e pensar no que se dirá enquanto o interlocutor fala.

A esse respeito, Grice (1975) apontou as quatro máximas ou critérios de atuação para conversar de uma maneira adequada e eficaz:

1. *Máxima de quantidade* – Proporcionar a informação necessária.
2. *Máxima de qualidade* – Dizer a verdade.
3. *Máxima de relação* – Ser pertinente.
4. *Máxima de modo* – Expressar-se de forma clara e ordenada.

Trava-línguas, canções

Essas técnicas centram-se, fundamentalmente, no desenvolvimento de habilidades de pronunciação e entonação oral. Os trava-línguas são constituídos por frases que incluem alguma dificuldade linguística e, na busca da superação, o aluno deve se exercitar até conseguir uma articulação adequada e um ritmo crescente de emissão. São atividades eminentemente motivadoras e com um grande conteúdo lúdico, que cedem ante o jogo fônico e a ele sacrificam parte de seu significado (Cervera, 1993). As canções também contribuem para o desenvolvimento da capacidade articulatória e para o domínio das qualidades tonais, bem como para o senso estético e a vivência de sentimentos e emoções. No desenvolvimento de habilidades linguísticas, a entonação, a dicção, a expressão e a postura são elementos básicos, bem como o desenvolvimento da capacidade de discriminação auditiva.

Em outro sentido, a escuta de textos (relatos, canções, histórias, mensagens televisivas etc.) constituem também uma atividade importante para o desenvolvimento das habilidades linguísticas. O uso desses recursos permite trabalhar a compreensão e analisar aspectos próprios desses textos, bem como fomentar as atitudes críticas para as mensagens que incluem.

Dramatizações

As representações de ações reais ou imaginárias encerram uma enorme potencialidade pedagógica e constituem uma interessante técnica para o desenvolvimento da comunicação oral nessa etapa. O intenso esforço comunicativo que o aluno realiza durante as dramatizações livres e a representação de determinados papéis repercutem positivamente no desenvolvimento de suas habilidades de articulação e entonação. Os temas das primeiras dramatizações podem ser de caráter mais pessoal (representação das situações próprias da vida familiar ou escolar, ou interpretação de papéis referentes a histórias simples, conhecidas pelos alunos). O uso dessa técnica permite, junto com o desenvolvimento de aspectos predominantemente verbais – pronunciação, entonação –, a estimulação de vivências e o desenvolvimento do gosto estético, da memória, bem como trabalhar de forma integrada as diferentes linguagens (verbal, gestual e corporal).

O contexto escolar é um espaço adequado para dramatizar diversos assuntos ou temas da literatura tradicional oral, para o que podem ser utilizados recursos variados (Prado, 2004): a) leituras dramatizadas de histórias, b) dramatização de canções e romances, c) dramatizações dos gêneros anteriores com marionetes, bonecos etc.

Exposições

Segundo De Luca (1983), expor consiste em falar (comunicação oral) sobre um tema (unidade temática) para levá-lo ao conhecimento de outras pessoas (destinado a um público específico). Para essa autora, a exposição difere da conversação no seguinte: a) demanda maior organização da mensagem, b) exige um manejo mais fluente da língua e c) não implica uma inter-relação afetiva.

Durante a exposição, o emissor pode encontrar dificuldades em três planos principais: 1) Plano da mensagem: que ideias incluir, em que ordem e como relacioná-las, 2) Plano da linguagem: que elementos ou estruturas da língua permitem uma comunicação mais clara e convincente e 3) Plano psicológico: onde acorrer para obter a informação necessária.

Consequentemente, para superar essas dificuldades é necessária uma preparação prévia que inclua: a) apresentação do tema (identificação de um tema significativo para os alunos), b) afluência de ideias (compilação de ideias ilustrativas sobre o tema), c) organização de ideias (seleção e organização da informação obtida) e d) exposição linguística (expressão dos conteúdos temáticos, de forma precisa e coerente).

Para Rosales (1987), embora a exposição constitua um exercício de comunicação, cujo domínio só poderá ser obtido em níveis superiores, ganha valor didático quando se centra especialmente na intencionalidade comunicativa do exercício e não tanto nas características do conteúdo ou peculiaridades do falante, com a intenção de conseguir a maior efetividade possível, por meio de recursos como: falar com simplicidade e clareza, olhar para os interlocutores, variar o tom de voz, utilizar materiais de apoio, elaborar resumos parciais e finais. Cassany *et al.* (1994) e Prado (2004) propõem interessantes estratégias para melhorar a qualidade das exposições orais.

A exposição permite desenvolver conjuntamente habilidades linguísticas de tipo oral e escrito, apesar de possuir uma importante limitação (não facilita a interação). Seu planejamento exige informar-se sobre o tema, capacidade de síntese e adequação aos interlocutores. Além do mais, facilita o desenvolvimento de outras atividades, como colóquios, resumos, gravações para análises posteriores.

2.4 Ler e escrever: dois modos de comunicação escrita

Introdução

Ler e escrever são duas habilidades que a pessoa possui ou duas atividades que realiza para se comunicar com outra. Essas habilidades são multidimensionais, visto que nelas estão implicadas muitas outras capacidades do sujeito. Portanto, para compreender essas habilidades ou essas atividades, fundamentais na vida das pessoas, é necessário conhecer em profundidade vários aspectos: a) os processos mentais e emocionais que se desenvolvem nas pessoas que se comunicam por escrito, b) o objeto ou resultado da comunicação: o texto escrito ou lido, c) o meio ou instrumento para transmitir a mensagem (tecnicamente, denomina-se "código"): a língua escrita. Esta tem dois modos de realização, relacionados com o uso que as pessoas fazem dela ou com as atividades que desenvolvem no processo de comunicação: a expressão e a compreensão. De fato, o emissor transmite mensagens ou expressa conteúdos intencionalmente, ao passo que o receptor recebe essas mensagens ou as compreende. Essas duas atividades no uso da língua escrita são denominadas "escrever" e "ler", respectivamente. Obviamente, essas duas operações compartilham dimensões comuns, mas também se diferenciam em alguns aspectos.

Em todos os modelos sobre a língua escrita incluem-se três elementos essenciais: o sujeito (leitor ou escritor), o texto e o contexto. Quanto ao sujeito, o fundamental são os processos mentais que desenvolve. Em cada um desses processos, o escritor utiliza algumas estratégias que facilitam sua execução. Para descrever e explicar os processos citados, foram criados diversos modelos. Os mais recentes e os mais completos, em sua função explicativa, são os de orientação cognitiva. Nesses modelos, ler e escrever são concebidos como um processo de resolução de problemas, em cujo desenvolvimento o sujeito utiliza procedimentos de planejamento, análise e inferência. O outro elemento do modelo refere-se ao resultado dos processos referidos: o texto. Também neste podem ser consideradas duas dimensões diferentes, embora complementares: a estrutura e a forma linguística. Por último, o contexto incide também, facilitando ou dificultando o desenvolvimento dos processos mentais. Nesse conceito, incluem-se, dentre outros, os seguintes aspectos, agrupados por categorias: 1) as exigências sociais: o clima familiar, a valorização da língua escrita no meio familiar e social, o nível sociocultural; 2) as exigências da escola: os programas, o estilo docente, o método de ensino, o entusiasmo do professor, o ambiente da aula.

Possuir habilidades para se comunicar por escrito é importante por várias razões. Em primeiro lugar, na *sociedade da informação e da comunicação*, o principal meio de difusão da cultura e do conhecimento social continua sendo o texto escrito, em diferentes e variados formatos (livro, revista, jornal, carta, folheto etc.), apesar da enorme expansão do meio audiovisual. A peculiaridade da "era da informação" é a utilização das novas tecnologias. De um lado, algumas delas continuam utilizando o código da língua escrita (por exemplo, a internet). De outro, as tecnologias da informação são um valioso recurso didático para a aprendizagem da língua escrita (por exemplo, o processador de textos).

Por outro lado, a influência do domínio da língua escrita no processo formativo do aluno é avalizada por várias razões. Em primeiro lugar, a língua escrita representa *o mais alto nível da aprendizagem linguística*. A aprendizagem da língua escrita é uma aprendizagem específica, visto que se diferencia da aprendizagem de outras habilidades linguísticas. De fato, na língua escrita integram-se experiências e aprendizagens, relacionadas com todas as habilidades linguísticas: ouvir, falar, ler e escrever. Além disso, na língua escrita entram em funcionamento todas as dimensões do sistema linguístico: fonológica, sintática, semântica e pragmática.

Outra razão é a relação entre a *língua escrita* e o *desenvolvimento cognitivo*. Assim, a língua escrita pode ser concebida como um fenômeno cognitivo, mas, além disso, relaciona-se com outros processos cognitivos, considerados como requisitos para seu desenvolvimento (atenção, percepção, memória). Por outro lado, a aprendizagem da língua escrita tem uma influência importante no desenvolvimento cognitivo, como destacaram alguns autores (Vigotsky, 1977).

Não é menos importante a *relação entre o domínio da língua escrita e os fatores socioculturais*. Assim, de um lado, o domínio da língua escrita é um indicador do nível cultural e social do sujeito. Mas, de outro, a aprendizagem da língua escrita, na etapa escolar, permite ao sujeito ampliar seu campo perceptivo e enriquecer sua experiência. Além disso, o fato de pertencer a uma classe social ou a uma cultura condiciona, positiva ou negativamente, o domínio da expressão escrita.

Por outro lado, a língua escrita, além de conteúdo de aprendizagem, é um *instrumento privilegiado para outras aprendizagens*. Assim, na escola, a maior parte dos processos de ensino e aprendizagem, inclusive a avaliação, desenvolve-se com a ajuda de meios (ou materiais curriculares) escritos, cujo máximo expoente é a "apostila". Fichas de atividades, livros de leitura, revistas, painéis, murais, provas e outros documentos são apresentados de forma escrita ou contêm texto escrito. Consequentemente, a maioria dos conhecimentos é adquirida, fundamentalmente, por meios escritos. Aprender, portanto, consiste principalmente em compreender textos e expressar por escrito o aprendido. De fato, foi demonstrado que os alunos têm dificuldades na aprendizagem das matérias escolares por conta das dificuldades na leitura. Especificamente, alguns autores apontaram que 90% das dificuldades na aprendizagem estão relacionadas às dificuldades na leitura (Ariel, 1992; Spear-Swerling e Sternberg, 1994; Aaron, 1995). Consequentemente, o fracasso escolar pode ser explicado, em parte, por deficiências no domínio da linguagem escrita.

A importância do assunto, sob uma *perspectiva didática*, deriva de duas considerações fundamentais: 1) no âmbito geral das deficiências que se detectam no uso funcional da língua, a língua escrita aparece como um setor especialmente deficiente, 2) progressivamente, aumenta o número de pessoas que sentem necessidade de se comunicar por escrito com outras pessoas, porque, em grande medida, dependem desse meio para seu desenvolvimento profissional. Porém, a situação do ensino, lamentavelmente, não parece atender adequadamente a essas demandas. De fato, muitos professores, desde a Educação Primária até a universidade, não estão preparados para ensinar a ler e a escrever. Por outro lado, na escola não se desenvolvem suficientemente as habilidades implicadas no domínio da língua escrita, visto que muitas das atividades são pouco motivadas e não visam ao desenvolvimento de habilidades de alto nível. Porém, existe o conhecimento adequado para melhorar o ensino; só que não se aplica. É necessário, portanto, aumentar o interesse e a competência dos professores e dotá-los das melhores técnicas de ensino.

A pessoa que lê ou escreve: processos mentais

Para compreender a complexidade da atividade de ler ou escrever, é necessário analisar as diversas dimensões da pessoa que incidem no resultado final dessas atividades.

Em primeiro lugar, a pessoa que lê ou escreve deve desenvolver diversos processos de caráter cognitivo, isto é, operações mentais, que se articulam com outros subprocessos, também cognitivos. Esses processos têm caráter flexível e recursivo; isto é, o desenvolvimento dos processos não segue uma ordem linear: um processo pode se voltar a outro anterior, para voltar, de novo, ao processo que havia ficado inconcluso. Na execução desses processos, a pessoa hábil lança mão de várias estratégias cognitivas. Por último, as pessoas eficientes na leitura e na escrita são capazes de regular os processos executivos e o uso de estratégias, porque têm um conhecimento consciente de tais processos.

Além dos processos enumerados, no sucesso ou fracasso da atividade de ler ou escrever incidem outras dimensões da pessoa. Assim, no âmbito cognitivo incluem-se capacidades básicas, de caráter psiconeurológico, como a atenção, a percepção e a memória; no âmbito afetivo, incluem-se a motivação, a atitude, o interesse e a percepção da própria eficácia e habilidade nas tarefas da língua escrita.

Para facilitar a comparação entre os processos que ocorrem na leitura e na escrita, estes poderiam ser agrupados em três macrocategorias. Em cada uma dessas categorias, seriam incluídos outros processos de menor entidade (subprocessos). Devemos advertir que, sob uma perspectiva temporal, os processos na escrita se desenvolvem em ordem inversa ao que acontece na leitura. Assim, na escrita, a "transcrição" sucede ao "planejamento"; porém, na leitura, a "decodificação" precede a "compreensão".

O primeiro processo que o escritor (emissor da mensagem) realiza é **planejar** o texto, isto é, fazer um rascunho mental, no qual estão presentes todos os elementos do texto: conteúdo e forma estrutural, sentido do texto e intenção significativa. O planejamento é determinado tanto pela audiência ou destinatário (o leitor) quanto pela intenção ou finalidade comunicativa (o escritor). Porém, as decisões sobre a audiência e sobre a finalidade não são tomadas de uma vez por todas; estão abertas a constante revisão e questionamento.

O processo de planejar implica várias operações: 1) *determinar objetivos* para controlar o ato de escrever; assim, um plano consiste mais em propor objetivos do que realizar ações; 2) *gerar conteúdos (ou ideias)*, utilizando estratégias de busca na memória; trata-se de estabelecer o que se quer comunicar; 3) *estruturar o conteúdo*, para produzir o texto, de acordo com os diferentes tipos de texto; trata-se de organizar as ideias em um plano, que regula o processo de tradução.

No desenvolvimento do processo de "planejamento", o sujeito deve lançar mão das seguintes habilidades: 1) conhecer o tema ou conteúdo sobre o qual vai escrever, 2) acessar o conhecimento que possui, isto é, adotar estratégias adequadas para procurar na memória, de forma autônoma, os conteúdos que deseja expor, 3) conhecer a estrutura textual, isto é, o formato adequado do texto, de acordo com o conteúdo que quer expressar (função comunicativa), 4) manter o desenvolvimento do pensamento sobre o tema, isto é, a coerência textual ou continuidade temática.

O leitor, por sua vez, realiza um processo correlativo ao planejamento, cujo objetivo é **compreender** o conteúdo ou mensagem do texto escrito. Trata-se, pois, de descobrir a mensagem transmitida pelo escritor e o modo como o planejou. A compreensão é um conceito complexo, resultado de uma capacidade geral, de tipo cognitivo. Pode ser descrita como a construção do significado do texto, por parte do leitor, de acordo com seus conhecimentos e experiências de vida. Nesse processo, o leitor utiliza várias estratégias cognitivas: inferência, previsão e comprovação de hipóteses.

O leitor faz *inferências* unindo dois fragmentos de informação em uma construção nova. Assim, se o texto diz que "é outono" e que "as árvores estão nuas", o leitor pode inferir que, no outono, algumas árvores perdem suas folhas. Do mesmo modo, o leitor constrói cadeias de inferência, extrapolando para novas situações. Assim, se o texto descreve o contexto em que uns flamingos vivem, o leitor pode inferir que esse é o *habitat* dessas aves. Consequentemente, o leitor pode concluir que, em tempos de seca, as aves devem migrar.

O leitor faz *predições* (antecipa) sobre o que virá posteriormente no texto a partir do que já leu ou do que sabe sobre o tema do texto, ou sobre sua estrutura. Assim, se o texto diz que "os soldados se camuflam no meio do mato à espera do inimigo", o leitor pode prever que mais à frente se descreverá a chegada de outros soldados e, inclusive, que se travará uma batalha.

Do mesmo modo, o leitor *formula hipóteses*, cuja validação estabelece ao confrontar suas representações mentais com as características do texto e com a intencionalidade do autor. Assim, se o texto propõe uma situação problemática que afeta um personagem, o leitor pode supor que, de acordo com a estrutura textual, haverá uma reação desse personagem e, inclusive, pode prever como ele agirá, se previamente sua personalidade houver sido descrita.

O segundo macroprocesso que o escritor realiza é a **tradução** (ou transcrição). Consiste em traduzir as ideias pensadas antes (ou seja, o conteúdo) em uma linguagem visível (a forma linguística). Em outras palavras, trata-se de transferir as ideias, que estão organizadas na mente de forma espacial ou hierárquica, a uma sequência linear, o texto, que pode ser lido linearmente. Os denominados "mapas semânticos" são uma representação visual da organização dos conhecimentos, tal como se supõe que está na mente. Esse processo também pode ser denominado "codificação", visto que o escritor utiliza a língua, que é um código, como um instrumento para expressar (ou dar forma a) suas ideias.

O processo de tradução está sujeito a determinadas exigências, tanto de tipo perceptivo-motor (execução gráfica das letras) quanto de tipo cognitivo-linguístico (escolha léxica, construção morfológica e sintática das palavras e das frases). Nesse processo, é possível diferenciar dois componentes ou operações.

O primeiro processo é a *gênese do texto*: estruturar as ideias em unidades linguísticas (palavras, orações e estruturas discursivas) no contexto da memória verbal. De fato, para poder comunicar verbalmente os conteúdos de consciência (pensamentos, desejos, sentimentos etc., isto é, o que se pensa, se sente, se deseja, se teme, se percebe ou se desfruta), é necessário dar-lhes uma forma linguística. Esta pode ser simples, como a palavra (por exemplo: "justiça", "amor", "tristeza" etc.) ou complexa, como a frase (por exemplo: "os homens são iguais perante a lei"; "chorava de alegria" etc.) ou o texto (por exemplo, a narração de uma experiência pessoal ou um acontecimento presenciado). Portanto, nesse processo entram em funcionamento os conhecimentos linguísticos que o escritor possui sobre diversos aspectos, que podem ser incluídos no termo genérico "gramática".

Assim, em primeiro lugar, o escritor deve selecionar o formato textual adequado para o que quer expressar: narrativo (para expressar experiências pessoais ou contar acontecimentos), expositivo (para transmitir informações objetivas), argumentativo (para convencer o outro ou expor pontos de vista pessoais) ou descritivo (para apontar as características de um objeto, de uma situação ou de um personagem). Além disso, na construção formal do texto, deve selecionar a estrutura sintática e as palavras mais adequadas para o que quer expressar. Essa seleção é feita a partir de seu conhecimento da língua. Isto é, deve recorrer ao conhecimento acumulado, cujo depósito é a memória de longo prazo.

O outro processo na tradução é o que se denomina propriamente "transcrição". Trata-se de atribuir símbolos gráficos às representações verbais contidas na memória verbal de trabalho. Nesse processo, estão incluídas as operações relacionadas com o que se denomina "convenções linguísticas": grafia, caligrafia e tipografia da página. Trata-se de escrever corretamente as palavras, sob uma perspectiva visual (gráfica) e linguística (ortográfica). Esses aspectos são importantes, pois facilitam ou dificultam a legibilidade e, enfim, a compreensão do texto. Além disso, durante o processo de transcrição, o escritor não pode abandonar o esquema mental da composição escrita.

Na leitura, o processo paralelo à tradução (ou codificação) denomina-se de **decodificação.** Decodificar é decifrar. Esse processo faz referência às habilidades e aos conhecimentos mediante os quais o leitor é capaz de pronunciar uma palavra escrita. Para isso, é possível seguir duas vias ou modos de decodificação: visual e auditiva.

Na decodificação *visual* (ou *ideográfica*), o leitor percebe e reconhece a palavra escrita como uma unidade global, isto é, como um desenho que representa um significante. Nesse sentido, diz-se que a palavra pertence ao vocabulário visual do leitor. Como se pode ver, há uma clara analogia com o sistema ideográfico de escrita próprio de algumas línguas, como o chinês.

Na decodificação *auditiva* (ou *fonológica*), o leitor reconhece os grafemas (representados pelas letras) e sua correspondência com os fonemas, que constituem a palavra falada. Só assim é possível pronunciar a palavra. Às vezes, essa pronunciação se faz de forma imperceptível (por isso é denominada "subvocalização"). Obviamente, nesse modo de acesso à palavra, o leitor deve ter conhecimento do código fonológico. Aqui, a analogia é estabelecida com o sistema alfabético de escrita, próprio de muitas línguas.

O terceiro macroprocesso é a **revisão,** que se desenvolve tanto na leitura quanto na escrita. Nesse processo, destacam-se dois aspectos, que são fases em uma sequência temporal: 1) avaliação do resultado em função dos objetivos de comunicação e avaliação da coerência do conteúdo em função do esquema textual; 2) revisão e correção do material produzido de acordo com os resultados da avaliação. Na escrita, o processo de revisão se articula em dois subprocessos ou operações: 1) avaliar o planejado e ajustá-lo de imediato; 2) modificar o texto escrito. Do mesmo modo, na leitura, o processo de revisão consiste em avaliar a compreensão e modificar as estratégias seguidas, se necessário. Além disso, dado o caráter recursivo dos processos, a revisão não é uma fase final do processo; está em todas as fases e níveis de organização do texto.

Para realizar as operações incluídas nos processos enumerados, denominados de "executivos", o sujeito tem de tomar decisões. O controle mental dessas decisões é conhecido como **processo metacognitivo.** Sua função é dirigir a sequência do processo, impulsionando a tomada de decisões no decorrer dele. Em outras palavras, tanto na leitura quanto na escrita, os processos executivos são controlados ou regulados por outros processos de mais alto nível: os processos metacognitivos. Esses processos são de dois tipos:

a) *Substantivos* – Referem-se ao conhecimento consciente do que implica saber escrever ou ler bem (processos executivos, estrutura e forma do texto, estratégias que devem ser seguidas e atitudes que devem ser adotadas). O conhecimento pode se referir a vários aspectos: 1) *conhecimento dos processos* implicados e das estratégias que podem ser aplicadas; 2) *conhecimento da estrutura textual* – estrutura de cada tipo de texto e sentido do texto como "representação de significado"; enfim, o conhecimento da estrutura textual permite saber como as ideias, os objetos ou os acontecimentos se relacionam; 3) *conhecimento de suas capacidades*: o sujeito avalia adequadamente sua atuação e suas capacidades em função do rendimento efetivo.
b) *De procedimento* – Fazem referência a como e quando se devem aplicar os conhecimentos descritos, em uma situação específica.

Além dos processos "executivos", que são específicos no uso da língua escrita, o leitor ou escritor deve lançar mão de **outros processos** ou **capacidades básicas**, que incidem em todas as atividades humanas: a percepção (visual e auditiva), a atenção e a memória. Ainda, nessas capacidades básicas estão incluídas as *habilidades neurológicas*: processamento visual das palavras escritas, motricidade fina, integração visomotora. Adquire especial relevância a *memória de longo prazo*, concebida como um armazém de conhecimentos, que o sujeito recupera no processo da leitura ou da escrita, referentes a três categorias: a) conteúdos temáticos, b) esquemas textuais e c) possíveis destinatários da mensagem. Igualmente, importante é a *memória operativa*, na qual a informação é armazenada e os processos cognitivos são executados; é estruturada em vários espaços: um, de caráter central ou geral, e outros, de caráter especializado (o fonológico, o visoespacial e o semântico).

Os processos cognitivos descritos não seriam efetivos se a pessoa não os decidisse executar. Por isso, é importante a *motivação* ou a *atitude* diante da tarefa, que significa iniciar uma atividade e manter o interesse ao longo de seu desenvolvimento. Em última instância, a atitude pessoal perante a língua escrita facilita ou dificulta sua aprendizagem. Mas, como acontece em todos os processos complexos da atividade humana, o sucesso na tarefa (de ler ou escrever), por sua vez, aumenta a atitude positiva e a motivação para a tarefa.

O texto: estrutura, forma e coesão textual

Os processos cognitivos descritos relacionam-se, direta ou indiretamente, ao seu objeto ou resultado: *o texto*. Este é definido como "a unidade linguística comunicativa fundamental, produto da atividade verbal humana, que possui sempre caráter social; é caracterizado por sua conclusão semântica e comunicativa, bem como por sua coerência profunda e superficial, devida à intenção (comunicativa) do falante (...) e a sua estruturação mediante dois conjuntos de regras: as próprias do nível textual e as do sistema da língua" (Bernárdez, 1982: 85).

No texto, distinguem-se dois níveis: a) macrotextual: organização do texto em função de esquemas textuais (ou superestruturas), descritos pelas gramáticas textuais, e b) microtextual: nível oracional, descrito pelas gramáticas correspondentes. Por exemplo, a "gramática da narração" descreve os elementos estruturais, de caráter linguístico, do texto narrativo.

O escritor e o leitor devem possuir competência textual, a qual pode ser concebida como um sistema implícito de regras interiorizadas, disponível para todos os membros de uma comunidade linguística. A gramática textual, por sua vez, é uma teoria ou um modelo da competência textual que descreve o conjunto de regras para a construção ótima de um texto, ao passo que a gramática textual é a descrição formal das estruturas textuais.

Do que foi exposto, conclui-se que o maior requisito para adquirir competência na língua escrita é aprender a forma essencial dos diferentes tipos de texto: narrativo, expositivo, argumentativo e descritivo. Enfim, o conhecimento da *estrutura textual* permite ao sujeito saber como as ideias, os objetos ou os acontecimentos se relacionam. Esse conhecimento influi tanto nos processos de planejamento e transcrição quanto nos de revisão.

Um aspecto essencial do texto, isto é, o que define um texto, é a *coerência*. Esse conceito, de caráter semântico, é definido como a relação lógica entre os conceitos na estrutura profunda do discurso. Essa característica textual afeta a macroestrutura do texto e o plano do significado. A coerência é a negação da ambiguidade. Se um texto é coerente, não deve ser ambíguo em nenhum momento. Esse conceito se torna operativo em dois aspectos: 1) manter a relação entre o tema, a audiência e os objetivos da comunicação; 2) manter a continuidade do tema.

A realização linguística da coerência é a *coesão*, isto é, a relação que se estabelece formalmente entre as frases do texto, mediante nexos gramaticais (preposições, conjunções, artigos). A coesão é definida operativamente pelas palavras cujo significado se descobre por referência a outras palavras ou elementos contextuais do texto, suficientemente claros para emissor e receptor. Assim, os conceitos de coerência e coesão constituem, pois, propriedades essenciais do texto.

Os mecanismos formais de coesão textual são de caráter semântico e sintático. Foram descritos três tipos fundamentais na teoria do discurso: 1) *expressões de referência*, cujo objetivo é identificar um referencial (o nome, frase ou contexto referido anteriormente: pessoas, objetos ou acontecimentos); 2) *repetição e cadeias léxicas*: a coesão se estabelece mediante a seleção de vocabulário (substantivos próprios, comuns, abstratos etc., que designam pessoas, animais, objetos, fatos, ações etc.); 3) *conectivos:* elementos linguísticos cujas características são: a) não se integram à estrutura da proposição e b) unem proposições organizadas em sequência, precisando sua inserção em cotexto e/ou em contexto de produção, e c) não estão submetidos à concordância. No conceito de *forma textual*, estão incluídos os aspectos do nível microestrutural do texto, isto é, os relacionados à gramática, concebida em um sentido amplo: léxico, sintaxe, ortografia e convenções gráficas. Esses aspectos funcionam como indícios ou estímulos para facilitar a coerência do texto e, portanto, sua compreensibilidade. Por esse motivo, a pessoa que não conhece ou não domina esses aspectos pode ter dificuldades para compreender um texto ou para construí-lo.

a) No *plano morfológico* estão incluídos os matizes diferenciais, expressos pelos morfemas de gênero (a casa/o caso), número (jardim/jardins), tempo (chegou/chegará), aspecto (virá/viria) e comparação (... maior que ...) ou pelos sufixos, na composição das palavras (desabafar, abafa-douro), os dêiticos e outros determinantes ("esse livro"; "sua casa").
b) No *plano sintático* estão incluídas a construção de frases e orações e as relações de coordenação e subordinação entre proposições.
c) No *plano semântico* está incluído tudo que se relaciona ao léxico e ao significado das palavras.
d) Na *dimensão gráfica*, específica da língua escrita, estão incluídos vários aspectos, denominados "convenções": traço das letras, pontuação, maiúsculas, separação de parágrafos (tipografia do texto). Embora essas convenções sejam arbitrárias, são importantes porquanto contribuem para a precisão do significado.

Didática da comunicação escrita

Posto que a comunicação escrita é uma habilidade complexa, torna-se necessária a intervenção dos educadores para promover sua aprendizagem, prevenir dificuldades e corrigir disfunções em seu desenvolvimento. Com essa finalidade, o ensino da comunicação escrita deve visar que os alunos adquiram: 1) o domínio dos processos cognitivos da comunicação escrita, dando-lhes oportunidade para ouvir a fala interior e observar as estratégias que seguem as pessoas eficientes na execução desses processos; 2) o conhecimento consciente e a utilização adequada das estruturas textuais.

Ensino e aprendizagem dos processos cognitivos

Os programas mais relevantes, atualmente, para o desenvolvimento da comunicação escrita são os que têm como objetivo o ensino de estratégias cognitivas, que têm correspondência com os processos cognitivos. Embora para cada processo possa haver estratégias específicas, algumas também podem ser úteis para vários deles.

A aprendizagem eficaz de estratégias implica três componentes (Graham e Harris, 1989): 1) conhecimento da estratégia, 2) conhecimento sobre o uso e significado da estratégia (informação metaestratégica), 3) autorregulação da atuação estratégica. Na realidade, todas as estratégias podem se transformar em autorreguladoras se aplicadas sob controle consciente. Nesse sentido, o fundamental é que o aluno reflita e se pergunte sobre o que está fazendo e avalie os passos ou o processo global seguido.

As estratégias de autorregulação funcionam de forma sequencial, isto é, umas se seguem às outras, em ordem lógico-temporal: 1) definir o problema – determinar a natureza e as exigências da tarefa,2) centrar a atenção na tarefa e planejá-la, 3) autoinstrução da estratégia – dizer a si mesmo (fala interna) como controlar a própria conduta, 4) autoavaliação e correção de erros – determinar se uma conduta ocorreu, quando e por quanto tempo, e anotar isso de alguma maneira; 5) autocontrole de sentimentos (de frustração, estresse, ansiedade etc.), 6) autorreforço – selecionar e aplicar a si mesmo reforços, depois da autoavaliação, sem a intervenção de outros controles externos.

Dado que as estratégias são as utilizadas por pessoas eficientes e são muito complexas, os alunos com dificuldades de aprendizagem precisam de uma ajuda temporária para empregá-las com sucesso. Para prestar essa ajuda temporária, são utilizadas *fichas para pensar*, cada uma das quais corresponde a um processo.

O ensino de estratégias requer a ação direta do professor, cuja *sequência didática* adequada é a seguinte: 1) explicar ao aluno por que deve aprender as estratégias, em que contextos deverá usá-las e como essas estratégias se diferenciam de seu próprio modo de agir, 2) exemplificar para o aluno o uso da estratégia por meio do pensamento em voz alta e da resolução de problemas, 3) guiar o aluno enquanto põe em prática as estratégias aprendidas, em grupo ou individualmente, 4) sugerir ao aluno que pratique a estratégia de forma autônoma, 5) fazer com que o aluno aplique, de forma generalizada, as estratégias aprendidas, utilizando os materiais curriculares corriqueiros e atendendo a objetivos reais, 6) ajudar os alunos a tomar consciência da utilidade das estratégias e a encontrar situações novas nas quais possam ser aplicadas, 7) tornar acessível ao aluno o conhecimento da estrutura textual e dotá-lo de recursos para controlar sua atividade cognitiva.

Estratégias para a compreensão da leitura

Algumas técnicas são específicas para desenvolver no aluno várias estratégias cognitivas nessa dimensão da leitura:

1. *Pensar em voz alta* – Antes da leitura, o professor pede aos alunos que façam predições sobre o tema do texto. Durante a apresentação, o professor sugere aos alunos que digam se o que leram ou ouviram faz com que recordem alguma coisa, que digam o que não entendem e que tornem a ler. O professor faz uma demonstração da técnica "pensar em voz alta". Ao terminar a leitura, o professor propõe aos alunos questões causais, com a intenção de resolver problemas.
2. *Leitura guiada* – O professor incentiva os alunos a antecipar o resultado, a fazer perguntas, a decifrar significados implícitos e a pensar criativa e criticamente sobre o material lido ou ouvido. O aluno deve levantar, progressivamente, hipóteses sobre o tema, aduzir razões, a favor ou contra, e modificar as hipóteses, se for o caso.
3. *O questionário* – Pode ser utilizado com várias finalidades: resolver problemas, esclarecer o significado de um termo, fazer predições, inferir, classificar informação, justificar ações, assumir o papel do protagonista, detectar e resolver os erros de interpretação. As questões mais frequentes podem ser agrupadas em quatro tipos, segundo o tipo de resposta esperada:

a) A resposta está explícita (literalmente) em uma frase ou parágrafo do texto.
b) A informação está no texto, mas precisa ser reconstruída a partir de várias orações ou parágrafos.
c) A resposta não está explícita no texto e, portanto, requer fazer a conexão entre a informação que se possui sobre o tema e a que o autor do texto oferece.
d) A resposta deriva da inferência; a partir do conhecimento base que se tem do tema.

Estratégias para a expressão escrita

Foram criadas estratégias para desenvolver cada um dos processos e dimensões da expressão escrita:

A) ESTRATÉGIAS PARA O PROCESSO DE PLANEJAMENTO

› Estratégias para formular objetivos

1. *Análise de meios/fim* – Os alunos estabelecem objetivos específicos que devem alcançar em sua escrita e determinam o que se deve fazer para atingi-los.
2. *Análise da tarefa de escrita* em vários subproblemas relacionados – a) gerar objetivos de processo e de produto, b) desenvolver anotações, c) organizar anotações, d) escrever e prosseguir com o processo de planejamento, e) avaliar a consecução de objetivos.
3. *Lista de objetivos* dos quais o aluno seleciona alguns, referentes a diversos aspectos da expressão escrita.

› Estratégias para gerar conteúdos

1. *Associação de palavras (ou ideias)* – Os alunos anotam as palavras (ou ideias) que um determinado estímulo (um objeto, um personagem ou um acontecimento) lhes sugere. A seguir, dentre elas, selecionam aquelas palavras (ou ideias) que querem incluir no texto. A seleção da palavra (ou ideia) é feita em função de sua significação e da relação que mantém com outras palavras (ou ideias).
2. *Questionário para gerar ideias sobre um tema* – O questionário pode ser elaborado pelo próprio aluno ou pelo professor. O conteúdo pode referir-se à descrição de um objeto, à narração de um acontecimento ou à elaboração de argumentos persuasivos.

3. *"Turbilhão de ideias"* – Esta estratégia facilita o escritor acessar o conhecimento que possui. De fato, fazer uma lista de palavras ou ideias, antes de escrever, ajuda a buscá-las na memória e permite uma visão geral do que se conhece. A ativação de uma ideia pode gerar outras.
4. *Compor de forma oral* – A velocidade de produção que esta modalidade linguística permite ajuda a gerar mais quantidade de conteúdo. Mas também influencia o fato de o aluno não ter de enfrentar as dificuldades que encontra nos aspectos formais da escrita.
5. *Completar uma frase dada* – A exigência de completar o conteúdo estimula a busca na memória mais do que quando se escreve espontaneamente.
6. *Apresentar estímulos para induzir a construção de um determinado tipo de texto* – Por exemplo, para obter um texto argumentativo, propõe-se ao aluno a seguinte frase inicial: "o exército não deveria desaparecer, embora alguns assim pretendam, porque...".

› Estratégias para organizar os conteúdos

1. *Classificação* – Agrupar palavras, seguindo algum critério de relação entre elas. Os procedimentos podem ser vários: unir mediante flechas as palavras relacionadas, atribuir-lhe números ou outros símbolos.
2. *Esquema comparativo* – Relacionar objetos, acontecimentos ou ideias por sua semelhança ou diferença. Os esquemas podem ser dados pelo professor ou construídos pelo aluno.
3. *Embaralhar fichas* – As fichas (em cada uma delas foi escrita uma palavra) são embaralhadas e reordenadas, várias vezes, até encontrar as ideias relacionadas.
4. *Matriz de conteúdo* – Quadro de dupla entrada, no qual se combina o tema ou os temas (ou os tópicos do tema) que serão tratados e as fontes nas quais se localizaram informações sobre eles.
5. *Planos de ordenação* – Fichas, nas quais são descritas regras ou princípios de ordenação dos conteúdos ou partes de um texto, conforme o tipo de texto (sua estrutura):
   a) ordem espacial, para descrever um objeto ou uma cena (em cima/embaixo/direita/esquerda);

b) ordem temporal, para escrever uma narração ou apresentar acontecimentos relacionados no tempo (início/desenvolvimento/final);
c) ordem lógica, para apresentar um argumento (problema, razões, solução);
d) contraste, para comparar um objeto ou um acontecimento (relação de semelhanças/diferenças ou um objeto/outro);
e) contraste entre ideia principal e secundárias, para fazer uma reportagem.

Essas estratégias, referentes à estrutura textual, têm como objetivo conhecer os elementos representativos de estruturas textuais específicas e utilizar esse conhecimento para gerar conteúdo e estruturá-lo. Para dominar a estratégia, o aluno deve treinar sua aplicação a cada tipo de texto.

b) Estratégias para o processo de revisão

1. *Editar o texto* – Os alunos verificam se o que escreveram faz sentido para si e para seus leitores, checam se os planos de estrutura textual foram seguidos, consideram o interesse do que escreveram para a audiência e planejam a revisão do texto.
2. *Autoavaliar a estrutura do texto* – Reler o texto e deter-se no levantamento de questões sobre as partes pouco claras, pensando em voz alta sobre a causa e sobre as possíveis soluções para o problema. Os problemas são anotados na margem do rascunho.
3. "*Receber a resposta dos companheiros*" – Estes reagem e fazem sugestões sobre o conteúdo do trabalho de cada um. Essas sugestões podem ser feitas por escrito ou em diálogo pessoal, de forma individual, em pequeno grupo ou em grande grupo.
4. "*Facilitar o procedimento*" – A estratégia é estruturada em três operações: a) *comparar* o texto real (o texto escrito) com o texto ideal (o texto pensado), para detectar alguma distorção entre eles; b) *diagnosticar* a causa da distorção, procurando no texto e no conhecimento sobre a estrutura textual que se tem armazenado na memória de trabalho; c) agir em duas direções: c.1) decisão tática (tipo geral de mudança no texto): mudança, supressão ou adição de palavras; c.2) realização efetiva da mudança.
5. "*Detectar erros*" – Apresentar ao aluno um texto ou um parágrafo, escrito deliberadamente com certa ambiguidade ou com erros, e pedir-lhe que o revise e aponte qualquer problema que possa

afetar sua correta compreensão. Alguns possíveis problemas na compreensão são: a) lacunas na informação, que não podem ser preenchidas com os dados que o texto proporciona, b) incoerência entre orações ou entre uma informação anterior e outra posterior e c) possíveis interpretações diversas e alternativas de um texto.

Ensino e aprendizagem da estrutura e da forma do texto

O objetivo último do ensino do texto é que o aluno conheça e utilize as diversas estruturas textuais. Essa finalidade geral concretiza-se em dois objetivos, comuns na aprendizagem da leitura e da escrita: 1) conhecer a estrutura dos diversos tipos de texto; 2) usar a estrutura textual como uma estratégia para compreender e construir um texto.

Por outro lado, em relação à forma do texto, tanto para a leitura quanto para a escrita eficiente o aluno deve conhecer e saber utilizar a estrutura da língua, em seus diversos planos (fonético-fonológico, léxico-semântico, morfossintático e pragmático).

A) DESENVOLVER O CONHECIMENTO DA ESTRUTURA TEXTUAL

- Em relação ao conhecimento e à aplicação da estrutura textual, foram desenvolvidas, no âmbito da gramática textual, várias técnicas didáticas, aplicáveis a diversos tipos de texto:

1. *Resumir textos* – Embora esta técnica se relacione mais diretamente com a compreensão de textos, é aplicável, como um exercício preparatório, à construção de textos, visto que resumir um texto é o processo inverso ao de desenvolvê-lo. Na aplicação desta técnica, deve-se atender às seguintes regras: a) suprimir redundâncias: informações que se repetem; b) suprimir informações triviais, que não trazem nada de novo ou essencial ao tema; c) ordenar hierarquicamente os temas: em ordem lógica, temporal ou causal; d) selecionar as palavras ou frases que definem ou delimitam o tema; e) inventar orações que definem os temas.
2. *Variar o formato textual* – Desenvolver temas diferentes no mesmo tipo de texto (ou formato). Por exemplo, escrever, em forma de diálogo entre dois amigos, um acontecimento ou um tema argumentativo. Também se pode proceder inversamente: produzir o mesmo tema em diferentes tipos de texto (ou

formatos) possíveis. Por exemplo, descrever um acontecimento como uma matéria jornalística, ou como um texto dramático.

3. *Reconstruir textos* – A partir de fragmentos dados, o aluno trabalha na construção do texto, como na montagem de um quebra-cabeça, levando em conta que o texto tem uma unidade semântica. Portanto, o texto tem de ser "previzível", isto é, o aluno deve poder inferir sua estrutura a partir da leitura de fragmentos. Para esse fim, os fragmentos devem ser precedidos por chaves textuais. Por outro lado, o texto deve responder ao conhecimento do aluno e ser motivador.
4. *Completar textos com lacunas* – Esta atividade exige que o aluno confronte a exigência de coerência do contexto imediato da oração com o sentido global do texto ou do parágrafo.
5. *Ampliar um texto breve* – Desenvolver os núcleos essenciais de um texto, acrescentando novas informações, que estão implícitas no já escrito ou que se encaixariam logicamente na estrutura. Para aplicar essa técnica, o aluno deve levar em conta as exigências derivadas do que já está escrito.
6. *Reconhecer o tipo de texto* – Nesta técnica estão incluídas várias operações:
   a) identificar características comunicativas do texto;
   b) inventar situações de comunicação que exigem um determinado tipo de texto;
   c) elaborar critérios para avaliar um texto;
   d) reconhecer tipos de texto em diferentes situações.
7. *Dominar a estrutura do texto* – Esta técnica compreende várias operações:
   a) identificar o tema do texto e escrevê-lo em uma oração;
   b) esquematizar o conteúdo (por exemplo, em um esquema de chaves ou em um diagrama de árvore);
   c) identificar elementos estruturais (por exemplo, em um texto argumentativo: problema, razões a favor, argumentos contra, conclusões).
8. *Conhecer aspectos específicos do texto* – Trata-se de aspectos parciais do texto, que estão mais perto da dimensão microestrutural:
   a) Tempos verbais exigidos pelo tipo de texto – Por exemplo, um texto expositivo exige a utilização de tempos verbais no

presente do indicativo. Por outro lado, um texto exortativo exige tempos no imperativo ou subjuntivo. Para desenvolver esse aspecto, poderão ser feitos exercícios de observação, de comparação, de preenchimento de lacunas, de produção, de variação textual.

b) Nível interoracional – Para o desenvolvimento deste aspecto textual, serão adequadas as atividades referentes ao uso de conectivos:
   - ordenar parágrafos de um texto por meio de conectivos, selecionados dentre os de uma lista dada;
   - introduzir conectivos em um texto mutilado;
   - redigir textos breves, utilizando diferentes tipos de conectivos.

B) DESENVOLVER A DIMENSÃO MICROESTRUTURAL DO TEXTO

- Nesta dimensão do texto, estão incluídos vários aspectos: léxico, morfologia, sintaxe, regras convencionais. Porém, a consideração desses aspectos (analíticos) não deve ignorar a perspectiva textual (global).

- *Ensino do léxico*
   - No nível léxico-semântico, devem ser trabalhados vários aspectos: a) função textual da sinonímia, homonímia, hiperonímia e nominalização; b) derivação e sufixos. Para isso, vários exercícios podem ser eficazes:
   1. *Análise da palavra em sua estrutura morfológica:*
      a) análise da raiz e dos morfemas para a derivação;
      b) estudo etimológico da palavra.
   2. *Associação semântica* – Estudar palavras que pertencem a um campo semântico. Nesta estratégia, pode-se utilizar um "mapa semântico", para tornar visíveis as relações entre uma palavra e seus correlatos semânticos (antônimos, homônimos, sinônimos), ou um quadro sinóptico.
   3. *Substituição léxica*, para evitar reiteração de termos.
   4. *Busca de sinônimos*, expressões sinonímicas e paráfrase descritiva.
   5. Preenchimento de *lacunas léxicas* em um texto dado.
   6. *Transformação* no processo de nominalização.
   7. *Correção de erros.*

- *Ensino da morfologia e da sintaxe*
  - O domínio da morfossintaxe é essencial, tanto no processo de transcrição da expressão escrita quanto na compreensão do plano microestrutural do texto. Para o ensino do **plano morfológico**, foram desenvolvidas várias atividades:
    1. *Morfemas de gênero e número*, em substantivos e adjetivos.
    2. *Formas do comparativo e do superlativo* nos adjetivos. Em espanhol, as mais complexas são as formas do comparativo e superlativo dos adjetivos "grande", "pequeno", "bom" e "mau".
    3. *Pronomes e determinantes* (pessoais, dêiticos, artigos indefinidos).
    4. *Formas regulares e irregulares dos verbos.*
    5. *Formação de advérbios.*

- *Para o ensino do **plano sintático**, foram criadas diversas tarefas:*
  1. *Julgar a gramaticalidade das estruturas* – É uma tarefa aplicável a um amplo conjunto de regras gramaticais.
  2. *Classificar estruturas sintáticas em categorias, de acordo com critérios de semelhança ou identidade.*
  3. *Construir uma oração complexa a partir de orações dadas* (simples) – Esta operação requer incluir a informação essencial das orações simples na oração complexa resultante, mediante subordinação ou inserção dos elementos de uma oração em outra; o que implica o aluno transformar e manipular a estrutura das orações originais.
  4. *Preencher lacunas em um texto* para construir unidades linguísticas (sintagmas, orações).
  5. *Reconstruir sintagmas ou orações* cujas palavras ou proposições se apresentam desordenadas.
  6. *Construir orações a partir de um modelo* – Os alunos constroem novas orações seguindo as pautas de um modelo proposto.
  7. *Parafrasear uma oração*, mantendo o mesmo significado.
  8. *Transformar uma oração central aplicando uma regra* – É possível fazer muitas variações, de acordo com as regras da gramática.
  9. *Construir orações a partir de palavras-chave* – Trata-se de dar palavras que delimitam a seleção do léxico para construir uma oração a partir delas.

10. *Completar frases* – Esta tarefa pode ser realizada de dois modos: a) selecionando uma estrutura dentre várias propostas e b) construindo a estrutura de forma autônoma.
11. *Dividir uma estrutura em seus componentes* – Esta é uma operação inversa à de "combinar orações".

Foram estabelecidos alguns princípios didáticos nos quais se deve fundamentar a seleção e a configuração de materiais para desenvolver o conhecimento e o uso da morfologia e da sintaxe: 1) as palavras desconhecidas e as regras sintáticas devem ser dispostas de acordo com a sequência evolutiva normal ou a ordem de dificuldade; 2) as palavras selecionadas para os exercícios devem ser suficientemente conhecidas; 3) a extensão da oração ou da proposição, em número de palavras, deve ser a mínima possível; 4) a apresentação das palavras e das orações deve ser acompanhada de representações gráficas; 5) as palavras ou regras sintáticas desconhecidas devem ser trabalhadas com dez exemplos, no mínimo; 6) as tarefas de reconhecimento e de compreensão devem preceder às de produção.

c) Desenvolver a consciência fonológica

› A habilidade mais importante no processo de codificação e decodificação é a "consciência fonológica". Refere-se à tomada de consciência das unidades linguísticas pelo aluno, especialmente dos fonemas, detectando seus matizes diferenciais. Nessa habilidade, diferenciam-se duas dimensões, para cujo desenvolvimento são estabelecidos dois tipos de operações: a) habilidade de análise (segmentar unidades) e b) habilidade de síntese (combinar unidades).

1. *Atividades para identificar ou segmentar unidades*
   a) *Reconhecer rimas* – Apontar palavras que comecem pelo mesmo fonema ou sílaba.
   b) *Contar o número de unidades linguísticas* em um conjunto dado.
   c) *Identificar a palavra estranha* em uma lista de palavras que compartilham fonemas comuns ("bala", "bela", "pata", "pato", "pita").
   d) *Detectar diferenças e semelhanças* em segmentos similares – a) apontar palavras diferentes em duas frases, b) apontar sons diferentes em duas palavras e c) apontar o som igual em várias palavras.

e) *Suprimir fonemas ou sílabas* no início, no meio ou no final de uma palavra, para obter novas palavras.
f) *Unir a última sílaba de uma palavra com a primeira da seguinte.*

2. *Atividades para combinar unidades*
   a) Ler palavras nas quais foram *suprimidos fonemas.*
   b) *Compor palavras* a partir de uma lista determinada de fonemas ou de sílabas.
   c) *Acrescentar fonemas ou sílabas* a segmentos dados.
   d) *Inverter fonemas, palavras ou sílabas* em segmentos dados.

No desenvolvimento dessas atividades, deve-se estabelecer uma progressão de acordo com a dificuldade da aplicação a diferentes unidades linguísticas:

1. Deve-se começar pelas unidades mais amplas (as orações ou frases), para prosseguir com as palavras, as sílabas e, por último, os fonemas.
2. Nas atividades com fonemas, as seguintes regras devem ser seguidas: a) começar com as vogais e seguir com as consoantes; b) levar em conta a dificuldade de articulação (por exemplo, os fonemas oclusivos são mais difíceis); c) levar em conta a posição do fonema (início, meio, fim).
3. As atividades devem ser realizadas primeiro oralmente e, depois, na forma escrita.
4. Devem ser utilizadas palavras cujo referencial seja específico e que sejam familiares ao aluno, de maneira que possam ser associadas a um desenho.

Por último, dado que as dificuldades nessa dimensão são persistentes e que a atividade repetida pode ser monótona, é conveniente utilizar materiais diversos na realização das atividades.

Capítulo 3
Competência comunicativa bilíngue em Educação Primária

Abel Gómez García

3.1 Introdução

A competência linguística vai ganhar uma grande importância no desenvolvimento da aprendizagem do aluno ao longo de toda a Educação Primária.

A competência comunicativa é um aspecto formativo fundamental nessa etapa e fica explícita no domínio da expressão oral e escrita, bem como com o apoio dos códigos verbal, não verbal e paraverbal. Isso representa saber utilizar a linguagem global como instrumento de comunicação oral e escrita, interpretar e compreender a realidade, construir e comunicar o conhecimento, organizar e autorregular o pensamento, as emoções e a conduta.

Essa competência vai implicar uma série de aspectos:

- aproximação a diferentes culturas, relação com os outros, capacidade de conviver e resolver conflitos;
- a linguagem como um elemento para a igualdade, eliminação de estereótipos e expressões sexistas;
- os tipos de interação verbal ocorrem em situações comunicativas diversas e se adaptam ao contexto; uso de códigos e habilidades linguísticas, não linguísticas e regras de comunicação;
- busca, compilação e processamento da informação;
- interpretação, compreensão e representação mental da realidade para organizar e autorregular o conhecimento e a ação em coerência com ela.

Ao fim da Educação Primária, o aluno deve ser competente para expressar sentimentos, experiências e ideias de forma ordenada e clara, compreender textos orais e escritos, identificar ideias principais e secundárias, fatos, opiniões, aspectos reais e fantásticos. Também tem de interpretar mensagens, explícitas ou não, fazer leitura em voz alta e silenciosa de forma eficaz, fazer composições escritas respeitando o tipo de texto e os aspectos formais, identificar e classificar as palavras por categorias gramaticais.

Relacionadas com essa competência, cabe destacar a importância das **línguas estrangeiras**. No final da etapa de Educação Primária, o aluno deve:

- seguir ordens e compreender textos orais e escritos associados a imagens, objetos e situações conhecidas;
- utilizar fórmulas sociais e estruturas simples em situações de comunicação simuladas para cumprimentar, perguntar, pedir ajuda;
- ler de forma correta textos curtos, simples, adaptados para sua idade e interesses e responder a perguntas sobre o que foi lido;
- ler de forma habitual até ter prazer com a leitura;
- valorizar e respeitar o uso de outras línguas espanholas e estrangeiras e interessar-se por sua cultura;
- evitar identificar o uso da linguagem para discriminar outras pessoas.

As normas vigentes dão muita importância ao ensino das línguas estrangeiras. O aluno aprenderá aspectos de uma nova cultura, uma diferente forma de pensar.

3.2 Competência comunicativa no idioma

O principal objetivo no ensino das línguas (estrangeiras) é adquirir a *competência comunicativa*.

Deve-se levar em conta que a linguagem se configura como um conjunto de orações com determinados elementos. O falante dessa língua tem um conhecimento (no subconsciente) das regras gramaticais, que lhe permite construir orações nesse idioma. Hymes (1972) defende que, além de tudo isso, a pessoa que fala essa língua conhece as regras de uso. Quando um falante nativo fala, não só conhece as formas gramaticais corretas, como também sabe onde, quando usar essas frases e com quem. Esse autor chama isso tudo de **competência comunicativa**. Esse conceito é mais dinâmico que estático. Depende da negociação do significado entre duas ou mais pessoas que compartilham o mesmo sistema simbólico. Dessa forma, a competência comunicativa pode ser um processo interpessoal. É um processo relativo, não absoluto, e depende da cooperação de todos os participantes envolvidos no processo.

Hymes distingue quatro aspectos da competência comunicativa:

- *Systematic potential* – Significa que o falante nativo possui um sistema que tem um potencial para criar a linguagem.
- *Appropriacy* – O falante nativo sabe que a linguagem é apropriada em uma situação dada. O contexto ganha uma grande importância.
- *Occurrence* – Ele sabe se algo é dito amiúde na língua e sabe agir de acordo com isso.
- *Feasibility* – Este aspecto significa que o falante nativo sabe se algo é possível na língua ou não.

Dentro da competência comunicativa, há uma série de subcompetências que temos que ter em conta:

- *Competência comunicativa* – É a habilidade de pôr em prática as unidades linguísticas de acordo com as regras de uso estabelecidas no sistema linguístico.
- *Competência discursiva* – É a habilidade de usar diferentes tipos de discurso e organizá-los de acordo com as situações comunicativas e os falantes que estão envolvidos no processo.
- *Competência sociolinguística* – É a habilidade de adequar as frases ao contexto específico, de acordo com o uso aceito de uma determinada comunidade linguística.
- *Competência estratégica* – É a habilidade de definir, corrigir ou fazer ajustes no curso da situação comunicativa.
- *Competência sociocultural* – Esta competência é entendida como uma tomada de consciência do contexto social e cultural no qual a língua está inserida.

A *competência gramatical* refere-se ao que Hymes chama de *"sistematic potential"*. É o domínio da capacidade léxica e gramatical.

A *competência discursiva* é o aspecto da competência comunicativa que descreve a habilidade de produzir textos discursivos orais e escritos, mostrando coerência e coesão. Nossos alunos devem ser capazes de produzir discursos coerentes. As orações são unidas por regras discursivas.

A *competência sociolinguística* refere-se à compreensão do contexto social onde ocorre a comunicação, as relações entre os participantes, a informação compartilhada entre eles.

A *competência estratégica* pode ser definida como um aspecto da competência comunicativa que descreve a habilidade dos falantes de usar estratégias comunicativas verbais e não verbais para melhorar o processo comunicativo.

A *competência sociocultural* refere-se ao conhecimento cultural que o aluno tem dos países que falam essa língua.

Todos esses elementos são parte da linguagem, levando em conta que esta não é algo abstrato, e sim uma ferramenta efetiva comunicativa.

A aquisição da competência comunicativa é considerada um processo criativo e construtivo. Nossos alunos usarão sua língua nativa, estratégias cognitivas sobre a nova informação linguística que estão recebendo. Dessa forma, estabelecerão hipóteses para formar regras sobre essa língua estrangeira. Esse sistema é gradualmente construído e melhorado por meio da informação linguística que o aluno vai recebendo. O erro é visto como uma parte imprescindível do processo de ensino e aprendizagem.

O conceito de **competência comunicativa** está presente em nosso sistema educacional. A Lei Orgânica de Educação 2/2006 (LOE), de 03 de maio, destaca a importância de desenvolver as estratégias orais e escritas nos três ciclos da Educação Primária. Mais precisamente, o RD[1] 1513/2006 (que estabelece os ensinos mínimos da Educação Primária) divide os conteúdos em três blocos de conteúdos:

- Destrezas comunicativas e usos da linguagem;
- Reflexões sobre a linguagem e sobre a aquisição da língua estrangeira;
- Aspectos culturais, consciência cultural e interculturalidade.

Todos esses conteúdos ajudarão os estudantes da Educação Primária a ser mais competentes e melhorar na comunicação da língua estrangeira.

Agora, passaremos a comentar algumas atividades nas quais se trabalha a expressão oral e escrita em cada ciclo da Educação Primária.

---

1 Real Decreto. (N. da T.)

Atividades para trabalhar a expressão oral e escrita no segundo idioma

Expressão oral

Primeiro ciclo

1. O professor apresenta o vocabulário novo dessa lição por meio de cartões (*flashcards*). São mostrados aos alunos ao mesmo tempo em que se pronunciam essas palavras. A seguir, um a um vai à lousa, pega um cartão e tem de dizer a palavra. Os colegas podem ajudar se o aluno tiver dificuldades (cada cartão tem um desenho que corresponde a uma palavra).
2. Nessa atividade, os alunos vão trabalhar os números do 10 ao 20 (o professor, anteriormente, os teria repassado com eles). Os alunos escolhem dez números compreendidos entre o 10 e o 20. O professor vai dizendo números; se coincidirem com os que cada um tem, vão marcando-os. O primeiro que marcar todos diz "bingo". Com esse jogo, estão sendo trabalhadas diversas competências: competência linguística, emocional, matemática.
3. As canções também são um elemento muito importante no ensino da língua estrangeira. Por exemplo, o professor apresenta a canção "Old MacDonald had a farm". Primeiro ouvirão a música da fita que o professor vai colocar. A seguir, primeiro cantarão com o professor e depois sozinhos. As canções são um elemento muito motivador, que ajuda na aprendizagem das línguas estrangeiras. Trabalham, ainda, a competência linguística, a competência social e cidadã, emocional, cultural e artística. Os alunos trabalham com os animais da fazenda.

Segundo ciclo

4. O professor vai explicar como se diz a hora (*What time is it?*). Para isso, primeiro explica na lousa com diversos exemplos. Depois, o professor diz uma hora e os alunos vão à lousa para dizê-la oralmente. Com o uso das horas, também estamos trabalhando a competência matemática.
5. Os alunos, nesta atividade, têm de relacionar a grafia da palavra com o desenho. Para isso, em grupos, terão os desenhos e as grafias em

cartões e irão formando os pares: desenho-grafia. Esta atividade pode ser feita em grupo, individualmente ou em duplas.

6. Nesta atividade, vão trabalhar diversos diálogos que mostram diferentes situações cotidianas já trabalhadas em sala de aula (*role play*). Podem ser: perguntar por um endereço, ir comprar em uma loja. Será feita em grupos de três ou quatro pessoas, oralmente, à frente da classe.

Aqui se trabalhará, também, a competência social e cidadã (os alunos cooperam entre si, aprendem habilidades básicas para a convivência).

Terceiro ciclo

7. Nesta atividade, os alunos têm de distinguir determinados sons que são muito parecidos em diferentes palavras. Têm de indicar qual é o som que ouviram em cada caso.
8. Vão preparar uma peça de teatro em grupos de cinco ou seis alunos. Utilizarão uma retirada da apostila ou inventada por eles e revisada pelo professor. Esta atividade pode durar um trimestre, visto que têm de escolhê-la primeiro, distribuir papéis e depois ensaiar. Trabalham-se também as competências cultural e artística, social e cidadã, além da emocional.
9. O professor contará uma história (*fairy tale*) com uns cartões (*story cards*) na lousa. Irá ordená-los conforme a história for acontecendo. No fim, um aluno irá à lousa contar a história com os *story cards*, explicando passo a passo.

Expressão escrita

Primeiro ciclo

10. Os alunos copiarão da lousa um desenho correspondente a cada palavra do vocabulário e, embaixo, a grafia correspondente. Nesta atividade, além da competência linguística (em todas as atividades), trabalha-se também a competência cultural e artística.
11. Nesta atividade, os alunos têm de pintar um desenho. Dentro dele, devem conter números (de 1 a 10) e cada um deles corresponde a uma cor. Ao lado, estarão as equivalências: a cor que corresponde a cada número. Trabalham-se as competências cultural e artística (cores) e matemática (números).

12. Utilizando o *software* JCLIC na sala de informática, os alunos irão fazer um exercício de relacionar números (de 1 a 10) com suas correspondentes grafias. Os alunos têm de uni-los de uma coluna à outra. Podemos observar, aqui, a competência matemática, a competência digital e a de tratamento da informação.

Segundo ciclo

1. Depois de aprender o verbo *to be* (ser ou estar), o professor ditará umas frases em espanhol para que as traduzam e treinem as formas do verbo. Depois, todos juntos farão a correção na lousa.
2. Os alunos têm de escrever em dois minutos todas as palavras que conhecem de vários campos semânticos: *food* (comida), *job* (profissões). Esta atividade pode ser feita em grupos.
3. Os alunos recebem um texto que descreve um quarto com todos os objetos e elementos presentes. A seguir, eles têm de fazer um desenho levando em conta o que leram. Vão repassar estruturas já trabalhadas *there is, there are* (há) e *to be*. A competência cultural e artística também está presente nesta atividade.

Terceiro ciclo

1. Para esta atividade, os alunos devem usar o programa JCLIC para trabalhar aspectos gramaticais no computador. Deverão preencher lacunas em frases dependendo da forma verbal, e para isso há várias opções. Devem escolher a opção correta. O programa dirá se é a certa ou não. Trabalham-se também as competências digital e de tratamento da informação.
2. O professor lhes dará um texto e umas perguntas sobre ele. Devem lê-lo e depois respondê-las. A correção será feita na lousa.
3. No último ano, os estudantes vão manter comunicação com outro colégio da Inglaterra por *e-mail*. Dessa forma, podem trocar cartas, aprender aspectos culturais de cada língua e treinar uma língua estrangeira. Isso sempre tem de ser feito sob a supervisão do tutor. Aqui, podemos ver a importância das competências digital, de tratamento da informação, cultural e artística, social e cidadã.

Concluídas as atividades, vamos falar da importância do inglês como língua instrumental para o ensino de outras áreas.

3.3 Experiências de competência comunicativa em inglês (bilinguismo)

As diversas administrações estão autorizando várias modificações de ordenação do currículo devido ao uso das línguas estrangeiras como língua instrumental ou veicular e garantindo a presença de professores competentes para isso. Em Castilla-La Mancha, por exemplo, isso está sendo feito por meio do Programa Seções Europeias. As escolas não poderão incorporar requisitos linguísticos para a admissão dos alunos.

Esse programa vai ganhando cada vez mais importância. Cada vez são mais as escolas que aderem a ele. No mínimo, duas áreas não linguísticas são ministradas em inglês. Costumam ser o Conhecimento do Meio e a Educação Artística (dessa forma, o aluno vai adquirindo uma competência linguística cada vez maior e, ao mesmo tempo, vai adquirindo novos conceitos). Pouco a pouco, vai aumentando o número de horas utilizadas para o inglês nessas áreas. Não devemos esquecer a importância que a língua nativa também tem para o aluno e como o ajudará na aquisição de uma segunda.

Dessa forma, duas culturas diferentes, com suas formas de pensar, vão entrando em contato. Os alunos vão aprender novos aspectos culturais. A cultura e a língua devem ser vistas como um todo, não como aspectos independentes; estão em contínua relação.

A experiência de bilinguismo feita com alunos da Educação Primária na área do Conhecimento do Meio é a que se segue, a título de exemplo:

- Os alunos têm de classificar uma série de coisas em *living things/no living things* (seres vivos e seres não vivos). Recortam o desenho e o colam na coluna correspondente. (**Primeiro ciclo**)
- Recebem o desenho de um menino ou uma menina. Devem escrever, com a ajuda do professor, as principais partes do corpo. (**Primeiro ciclo**)
- Vão classificar uma lista de animais, escrita pelo professor na lousa, em: *mammals* (mamífero), *fish* (peixe), *bird* (pássaro). (**Segundo ciclo**)

- Os alunos vão pôr os diferentes nomes dos elementos de uma paisagem em cima do desenho (*highway* = estrada, *bridge* = ponte, *mountain* = montanha). (**Segundo ciclo**)
- Vão desenhar o aparelho digestivo e colocarão os diferentes órgãos que o compõem. (**Terceiro ciclo**)
- Farão seu horário semanal, anotando, em uma tabela, todas as matérias que têm e também as atividades que realizam fora da sala de aula. (**Terceiro ciclo**)

3.4 Experiências de competência comunicativa em língua espanhola

Agora, vamos passar uma série de atividades para fomentar a competência comunicativa na área de Língua espanhola.

A expressão oral

Primeiro ciclo

O professor pergunta aos alunos o que fizeram nas férias de verão. Um a um, os alunos vão à lousa e contam para os colegas de classe.

Coloca-se um mural na sala, relacionado com o tema que estão vendo (estações, animais, plantas). Todos juntos vão descrevendo-o e contando o que veem. O professor pode fazer perguntas.

Esta atividade visa incentivar a leitura. Lê-se uma história em sala de aula em voz alta (o professor o lê), pausadamente, para que todos compreendam a história.

Terminada a leitura:

- o professor pergunta se gostaram; que personagens lhes pareceu melhor e qual o momento mais interessante;
- depois, diz que vai ler pela segunda vez e que, se ele errar alguma coisa, digam: "pode melhorar!";

- ele lê a história outra vez, substituindo nomes e situações; as crianças que detectarem os erros devem dizer: "pode melhorar!";
- ele escreve uma série de palavras na lousa; os alunos devem ler uma cada um – este exercício pode ser feito também com frases.

Segundo ciclo

O professor colocará na lousa a foto de uma paisagem. Os alunos irão descrevê-la oralmente, seguindo uma ordem para falar.

Nesta atividade, uma criança prestará atenção a outro colega da sala e o descreverá. Os outros devem adivinhar quem é.

Ao longo do trimestre, terão lido um livro. Assim que o acabarem de ler, o professor resume a história, enfatizando as questões que quer destacar.

Distribui cartões com uma pergunta em cada um. Criarão um clima de silêncio para que cada criança possa ler com atenção sua pergunta e preparar a resposta. Quando julgar que todas as crianças já leram sua pergunta, pede a resposta de um em um. A criança deve responder sem olhar no livro. Não faz mal se não souber responder à pergunta; os outros poderão ajudá-la.

Terceiro ciclo

O professor escreverá na lousa uma série de adjetivos e nomes. As crianças os decorarão em alguns minutos na mesma ordem. Ele irá apagando palavras da lista sem que elas vejam. Devem ver que palavra falta e dizer outra vez a lista inteira.

Os alunos vão inventar uma história oralmente. Cada um dirá uma frase e os outros continuarão com outra. É muito importante que se lembrem do que o anterior disse.

Para essa atividade, devem ter lido um livro antes. Pretende-se exercitar a atenção na leitura, valorizar a ordem da narração e o ritmo, educar a colaboração entre colegas.

Os alunos estarão sentados ou em pé, em linha reta em frente ao professor. Ele dará uma carta ou ficha para cada participante depois de embaralhar todas muito bem para alterar a ordem dos parágrafos que contêm. As crianças devem lê-las até que cada jogador tenha sua carta. O professor lhes concede cinco minutos para que as leiam em silêncio. Quando terminarem, pede ao primeiro da fila que leia o parágrafo em voz alta. A seguir, a criança que está a seu lado lê a carta dela. Vão se colocando na ordem em que aparecem as passagens no livro. Quando terminarem de ler e de colocar na ordem correspondente, o professor lhes pede para lerem todas as cartas na ordem em que se colocaram. Depois, dirá se está certo ou não.

Expressão escrita

Primeiro ciclo

O professor colocará uma lista de dez palavras na lousa. O aluno deverá escolher cinco palavras que comecem com a letra "a" e fazer um desenho de cada uma.

Ele lhes dará frases em que faltará uma palavra, que será um substantivo ou um adjetivo. A criança deverá escrevê-la olhando no desenho que vem em seu lugar, e ela vai associar o desenho à palavra.

Os alunos copiarão umas frases da lousa. Depois de copiá-las, deverão pôr letra maiúscula no lugar correspondente. Ao terminar, várias crianças irão corrigir na lousa.

Segundo ciclo

Os alunos copiarão uns nomes da lousa e deverão escrever um adjetivo ao lado de cada um. A correção será feita na lousa.

O professor ditará umas frases, e as crianças as copiarão no caderno. Terão de separar o sujeito e o predicado de cada uma delas. Irão à lousa corrigi-las e receberão ajuda se tiverem problemas.

Receberão um texto narrativo. Vão lê-lo em silêncio e procurarão no dicionário as palavras que não entenderem. A seguir, responderão por escrito a perguntas relacionadas ao texto. Por último, deverão diferenciar *introdução, desenvolvimento e desenvolvimento* desse texto. Todos juntos farão a correção.

Terceiro ciclo

Vão copiar uma lista de palavras. Deverão analisá-las morfologicamente dizendo se são nome, adjetivo, advérbio, determinante, verbo (forma verbal, pessoa, tempo), seu gênero e número. A correção será feita na lousa.

Nesta atividade, os alunos vão analisar, de forma sintática, algumas orações que copiarão da lousa, destacando o sujeito e o predicado e os grupos sintáticos. A correção será feita na lousa.

Receberão um texto, que lerão em voz baixa. Procurarão no dicionário as palavras que não entenderem. A seguir, responderão perguntas por escrito do texto e irão corrigi-las com o professor.

Os alunos receberão nomes de alguns personagens de histórias e deverão inventar uma com eles. Cada um lerá a sua história para os outros.

Tendo terminado com essas atividades, vamos explicar algumas que estão relacionadas com as competências matemática e social e cidadã.

Os alunos vão treinar operações matemáticas (adição e subtração) em situações da vida cotidiana: comprar em uma loja. Um aluno interpreta o vendedor e outro o cliente.

Vão realizar somas e subtrações para comprar coisas de que necessitam. Manterão conversas como ocorre na vida cotidiana (O que deseja? Quanto deu?). Ao mesmo tempo, vão melhorando a expressão oral.

O professor lhes pedirá que procurem no meio que os cerca objetos que tenham figuras geométricas e depois que comentem na aula. Eles precisarão prestar bastante atenção para ver as formas.

Outra atividade na qual se vê a relação entre a competência matemática e a linguística é a de problemas. A criança deve entender o problema e lê-lo com atenção, pensar que operação deve fazer e aplicá-la.

3.5 Como desenvolvemos nos docentes a competência de leitura e escrita para que, por sua vez, consigam formar um excelente hábito de leitura e escrita em seus educandos

Como conseguimos que o professor adquira fluência verbal, capacidade de argumentação e justificação de diferentes pontos de vista? Como conseguimos que o professor seja um magnífico orador? Como são capazes de ensinar essa competência aos estudantes?

O professor deve receber uma formação contínua permanente. Deve ampliar seus conhecimentos e melhorar sua competência linguística. A criação de um **clube de leitura** contribui para isso. Seria formado por todos os professores e criado grupos determinados por ciclos (primeiro, segundo, terceiro), e cada ciclo escolheria os livros para trabalhar, que fossem adequados para o ciclo de referência. Durante uma semana, cada ciclo trabalharia o livro escolhido do ponto de vista da morfologia e da gramática, explicando por que é adequado para esse ciclo. Seria elaborada uma unidade didática sobre o livro em questão, explicando como trabalhariam com ele nas aulas posteriormente. Dez dias depois, explicariam aos demais professores o trabalho realizado, por meio de uma exposição oral por parte dos professores, que enriqueceria a todos os docentes e facilitaria a todos sua implantação em sala de aula.

Para trabalhar a **competência linguística no idioma estrangeiro**, os professores de Inglês escreveriam uma série de peças de teatro adaptadas para cada ciclo. Seriam apresentadas no Natal e no final do ano letivo. Dessa forma, o colégio teria uma compilação de obras adaptadas às características sociais e pessoais da série atual.

Capítulo 4 Desenvolvimento da competência comunicativa em Educação Secundária

Raquel Granizo Garrido

4.1 As competências na ESO

As competências são o conjunto de conhecimentos, habilidades e atitudes que o aluno deve alcançar ao concluir o ensino obrigatório para poder conquistar sua realização pessoal e exercer a cidadania ativa, incorporando-se à vida adulta de forma satisfatória, sendo capaz de desenvolver uma aprendizagem permanente ao longo da vida.

A seleção das competências baseou-se em três critérios: estão ao alcance de todos, são comuns a muitos âmbitos da vida e são úteis para continuar aprendendo. Elas proporcionam a capacidade de saber fazer, de aplicar os conhecimentos aos problemas da vida pessoal e profissional, incorporando uma combinação de saber, habilidades e atitudes.

As competências têm um caráter integrador, reunindo os conhecimentos, os procedimentos e as atitudes. Pretendem integrar e relacionar as aprendizagens com diferentes tipos de conteúdos, utilizando-os de maneira efetiva para aplicá-los em diversas situações e contextos. Eles serão a base das aprendizagens básicas posteriores. Essas competências são genéricas, motivo pelo qual cabe aos docentes estabelecer o formato e o tempo dos conteúdos, bem como as atividades específicas para desenvolvê-las. Podemos ajudar com atividades elaboradas pelo MEC para Educação Secundária[1].

A finalidade das competências básicas é a formação integral de todos os âmbitos da pessoa, fazendo com que o conhecimento represente mudança e transformação como pessoa para contribuir com a melhora de nossa sociedade.

1 <http://w3.cnice.mec.es/recursos/secundaria/index.html>.

A incorporação das competências aos projetos educacionais escolares pode ter dois tipos de consequências:

- modificação das tarefas atuais e maior integração do currículo formal, informal e não formal;
- maior flexibilidade nos agrupamentos e maior abertura da escola ao entorno.

O professor deverá definir claramente os objetivos que o aluno deverá dominar, os conteúdos que precisa conhecer e o contexto em que essa tarefa será desenvolvida. As tarefas servirão para a avaliação das competências básicas utilizando diferentes fontes de informação e aplicando os critérios de avaliação mais adequados para o nível curricular do aluno.

A compreensão da leitura, expressão oral e escrita, a comunicação audiovisual, as tecnologias da informação e comunicação (TICs) e a educação em valores serão trabalhadas em todas as áreas.

De modo prático, relacionamos cada competência básica com os elementos prescritos em cada uma das áreas curriculares e com os correspondentes objetivos de etapa:

Objetivos de Etapa	Área curricular			Área curricular	
O.E. 1	Ob1	"Conteúdo 1"	Critérios de Avaliação 1	Ob1	"Competência X"
O.E. 2	Ob2	"Conteúdo 2"	Critérios de Avaliação 2	Ob2	"Competência Y"
....	Ob3	"Conteúdo 3"	Critérios de Avaliação 3	Ob3	"Competência Z"

O.E. = Objetivos de etapa

Ob = Objetivo

Para enfrentar seu desenvolvimento:

- O trabalho deverá de ser interdisciplinar, não existindo uma relação unívoca entre o ensino de determinadas áreas ou matérias e o desenvolvimento das competências.
- As escolas e salas de aula deverão ser organizadas para o trabalho com o desenvolvimento das competências.
- A participação do aluno deve ser potencializada.
- O professor deve discernir e escolher os recursos metodológicos e didáticos mais apropriados para ministrar sua matéria de forma que os alunos desenvolvam as competências.

- A biblioteca da escola deve ganhar certo dinamismo, sendo um "centro vivo" que colabora para fomentar e difundir a leitura a todos os alunos da escola.
- Na escola, deve-se continuar potencializando a convivência, o respeito ao entorno, à diversidade etc.

As consequências organizativas mais importantes serão a maior flexibilidade nos agrupamentos, facilitando o desenvolvimento de projetos e itinerários personalizados, e a maior abertura da escola ao entorno, utilizando as possibilidades que os ambientes virtuais de aprendizagem oferecem.

Essas medidas têm uma finalidade comum: ampliar as oportunidades educacionais aumentando o tempo efetivo para a resolução das tarefas.

Deve-se fomentar a alfabetização digital em docentes e discentes para garantir o desenvolvimento das competências básicas:

Figura 4.1 – *Como garantir o desenvolvimento das competências básicas*

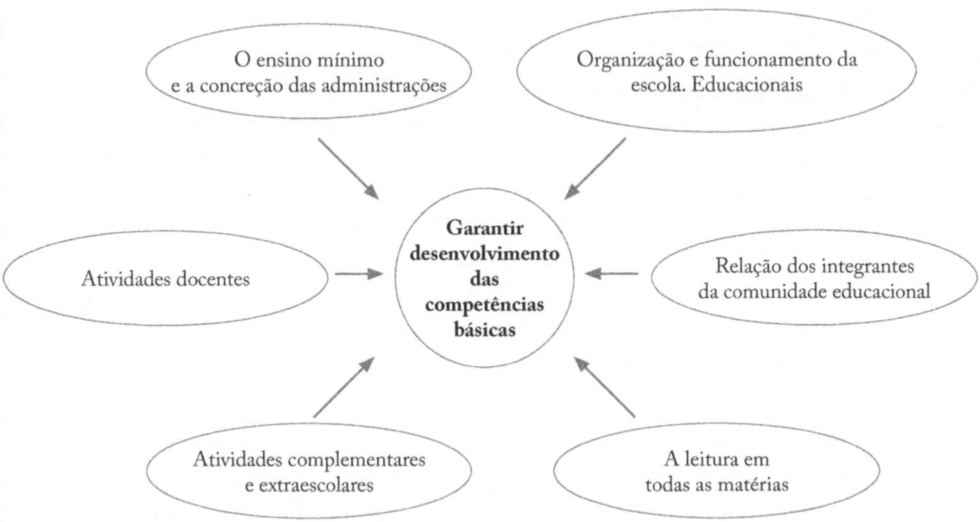

Língua e Literatura Castelhana na ESO e competências

O objetivo dessa matéria é o desenvolvimento da competência comunicativa, isto é, um conjunto de conhecimentos sobre a língua e de procedimentos de uso que são necessários para interagir satisfatoriamente em diferentes âmbitos sociais.

Refere-se aos princípios e normas sociais que reinam nos intercâmbios, nas formas convencionais que os textos apresentam em nossa cultura, nos procedimentos que articulam as partes do texto em um conjunto coeso, nas regras léxico-sintáticas que permitem a construção de enunciados com sentido e gramaticalmente aceitáveis ou nas normas ortográficas.

Os objetivos de Língua Castelhana e Literatura na ESO indicam uma progressão em relação aos estabelecidos na etapa anterior. Isso significa ampliar a diversidade de práticas discursivas e torná-las mais complexas, aumentar a importância do uso da língua no âmbito acadêmico, acentuar o papel das convenções literárias e do contexto histórico na compreensão dos textos literários, dar um papel mais relevante à reflexão sobre o funcionamento da língua e sobre suas normas de uso, bem como a sistematização dos conhecimentos linguísticos explícitos.

As habilidades de falar, ouvir, ler e escrever são fundamentais no processo de integração social e desenvolvimento das pessoas (Mendoza Fillola, 2003). Em relação a eles, o bloco Conhecimento da Língua reúne os conteúdos que se referem à capacidade dos alunos de observar o funcionamento da língua e falar dela, bem como aos conhecimentos explícitos sobre ela. Para que os alunos da Educação Secundária aprendam a se comunicar satisfatoriamente, aprendam a ouvir as próprias razões e emoções, admitir e respeitar as diferenças e favorecer a resolução de conflitos interpessoais, podemos fazer uso do programa "Ratos, dragões e seres humanos verdadeiros" (García e Margaz, 1992).

Os blocos de conteúdos apresentam, de um modo analítico, os componentes da educação linguística e literária, apontando os níveis alcançáveis em cada ano. A matéria contribui para o tratamento da informação e a competência digital ao ter como uma de suas metas proporcionar conhecimentos e destrezas para a busca e a seleção de informação relevante de acordo com diferentes necessidades. As tecnologias da informação e comunicação na linguística permitem desenvolver novos materiais formativos e metodologias de aprendizagem. Podem ser de grande utilidade para personalizar ao máximo a formação, sendo complementadas com outros recursos.

A aprendizagem da língua entendida como desenvolvimento da competência comunicativa contribui para o desenvolvimento da competência social e cidadã, encarada como um conjunto de habilidades e destrezas para as relações, a convivência, o respeito e o entendimento entre as pessoas.
O ensino da Língua Castelhana e da Literatura na ESO visa ao desenvolvimento das seguintes capacidades:

- compreender discursos orais e escritos em diferentes contextos da atividade social e cultural;
- utilizar a língua para expressar-se de forma coerente e adequada em contextos diferentes da atividade social e cultural, para tomar consciência dos próprios sentimentos e ideias e para controlar a própria conduta;
- conhecer a realidade multilíngue da Espanha e as variações do castelhano valorizando a diversidade como uma riqueza cultural;
- utilizar a língua oral na atividade social e cultural de maneira adequada às diversas situações e funções, mantendo uma atitude respeitosa e de cooperação;
- empregar os diversos tipos de escritos mediante os quais se produz a comunicação com as instituições públicas, privadas e da vida rabalhista;
- utilizar a língua na atividade escolar para buscar, selecionar e processar informação e para redigir textos próprios do âmbito acadêmico;
- fazer uso, com progressiva autonomia e espírito crítico, dos meios de comunicação social e das tecnologias da informação para obter, interpretar e avaliar informações de diversos tipos e opiniões diferentes;
- fazer da leitura fonte de prazer, de enriquecimento pessoal e de conhecimento do mundo e consolidar hábitos de leitura;
- usar textos literários utilizando conhecimentos básicos sobre as convenções de cada gênero, os temas e os motivos da tradição literária e os recursos estilísticos;
- aproximar-se do conhecimento de mostras importantes do patrimônio literário e valorizá-lo como um modo de simbolizar a experiência individual e coletiva em diferentes contextos histórico-culturais;

- dominar conhecimentos sobre a língua e as normas do uso linguístico para compreender textos orais e escritos e para escrever e falar com adequação, coerência, coesão e correção;
- analisar os diversos usos sociais das línguas para evitar os estereótipos linguísticos que representam juízos de valor e preconceitos classistas, racistas ou sexistas.

Como parte prática, podemos utilizar textos de autores que estejam vinculados às leituras literárias do ano, fazer comentários conforme o modelo determinado para o nível e incluir um tópico com análise morfológica e sintática e análise de expressões e vocabulário não conhecido pelo aluno.

Enfoque comunicativo

A competência comunicativa responde às perguntas básicas do processo comunicativo atual: Para que ensinamos? Com que critérios devem ser selecionados os conteúdos linguísticos e literários? Os alunos aprendem o que ensinamos nas aulas? O que um aluno deve saber fazer para se mover de uma maneira adequada nos diferentes contextos comunicativos de sua vida pessoal e social?

O objetivo essencial da educação deve contribuir para a aquisição e domínio das destrezas comunicativas mais habituais na vida das pessoas: falar, ouvir, ler, entender e escrever. Portanto, devemos contribuir para a melhora das capacidades comunicativas dos alunos. Pretende-se a aquisição e o desenvolvimento de conhecimentos, habilidades, atitudes e capacidades que permitam movermo-nos em nossas sociedades de uma maneira adequada e competente nas diversas situações e contextos comunicativos da vida cotidiana. O programa TRICA desenvolve estratégias para a aquisição de vocabulário em Educação Secundária, compreensão, raciocínio e comunicação interpessoal.

No ensino da língua, o aluno tem de entender que o que lhe é ensinado lhe será útil na vida pessoal e social. Portanto, tem de aprender a usar a língua de uma maneira competente, não porque existe a linguística ou as aulas de Língua, e sim porque a língua tem, ao ser usada, um determinado valor de mudança social, é um instrumento de convivência e de comunicação.

O docente precisa buscar estratégias apropriadas que favoreçam a intencionalidade da aprendizagem, existindo uma interação professor-aluno e interesse de ambas as partes. Para que o aluno treine estratégias de identificação de ideias principais, resumir, elaborar inferências, perguntar, supervisionar o processo de compreensão e usar o "Programa de estratégias cognitivas para a melhora da leitura" (González e Fernández, 1993) são atividades que favorecem a prática ativa, permitindo a seleção de materiais e oferecendo *feedback*.

"Ler para compreender e aprender" (Sánchez, 1993) é um programa que visa ao desenvolvimento de capacidades de compreensão oral e escrita em Educação Secundária, permitindo manter o destaque e a atividade dos alunos quando aprendem. Para isso, faz uso de estruturas textuais e da autorregulação da aprendizagem.

Expomos técnicas para trabalhar a expressão oral em sala de aula: conversação, discurso ou debate, colóquio, recitação, narração, descrição e exposição, podendo usar diversas modalidades de debate para trabalhar a expressão oral por meio de uma unidade temática: a mesa-redonda da qual participam todas as pessoas, podendo intervir respeitando sua vez. É uma atividade de tipo informativo. Costuma ser utilizada com grupos não muito variados. Por exemplo, pode-se tratar o tema da "geração de 98". O Phillips-66 é um debate para grupos diversos, utilizado para conhecer a opinião geral sobre um tema em pouco tempo. O grupo é dividido em equipes de seis membros, as quais nomeiam um secretário. Durante seis minutos, discutem sobre o tema. O secretário registra as conclusões, que são lidas em turnos.

Podemos trabalhar a comunicação oral e escrita, gramática, literatura e vocabulário com diversas atividades:

- Os ditados perdidos – Colocar em ordem os ditados desordenados para que façam sentido.
- Quebra-cabeças – Tentar recompor, a sua maneira, um texto desordenado, levando em conta a ordem temporal do relato. Depois, conferir no texto original.
- Palavras criativas – Inventar um texto que tenha todas as palavras dadas, sendo criativo e levando em conta a utilização do vocabulário ofertado e as regras gramaticais estudadas e tendo cuidado com a expressão escrita.
- A dupla fantástica – Damos duas palavras que não tenham nada a ver uma com a outra. Os alunos devem criar uma narração inspirada nessas palavras. Dar um título à criação final.

Competência em comunicação linguística na ESO

Para Chomsky, a competência linguística é o conhecimento que o falante/ouvinte tem de sua própria língua. Esse conhecimento permite ao sujeito produzir orações gramaticais em sua própria língua. O "corpus" principal de conhecimentos da competência linguística é inato e configura a gramática universal.

Os conhecimentos, as destrezas e as atitudes próprias dessa competência permitem expressar pensamentos, emoções, vivências e opiniões, gerar ideias, estruturar o conhecimento, dando coerência e coesão ao discurso e às próprias ações e tarefas, adotar decisões e desfrutar ouvindo, lendo e se expressando de forma oral e escrita. Isso contribui, ainda, para o desenvolvimento da autoestima e da confiança em si mesmo.

A competência em comunicação linguística refere-se à utilização da linguagem como instrumento de comunicação oral e escrita, de representação, interpretação e compreensão da realidade, de construção e comunicação do conhecimento e organização, autorregulação do pensamento, das emoções e da conduta.

Essa competência implica relacionar-se com os outros, aproximando-se de novas culturas, cada dia mais presentes em nossa sociedade, sendo efetivo na capacidade de conviver e de resolver conflitos. A comunicação linguística deve ser motor da resolução pacífica de conflitos na escola.

A linguagem deve ser um instrumento de igualdade, eliminando-se os estereótipos e expressões sexistas.

O aluno deve ser capaz de buscar, compilar e processar a informação. Isso implica um processo de decodificação da informação; por meio da reflexão, o aluno incorporará aquilo que lhe é válido, codificando-o, passando a fazer parte de seus conhecimentos.

Implica ter ciência dos tipos de interação verbal em situações comunicativas diversas e adaptar a comunicação ao contexto; utilizar habilidades linguísticas e não linguísticas e regras da comunicação; representar-se mentalmente, interpretar e compreender a realidade, organizando e autorregulando o conhecimento e a ação com coerência.

Dominar essa competência implica ter ciência das convenções sociais, dos valores, dos aspectos culturais e da versatilidade da linguagem em função do contexto e da intenção comunicativa. Isso implica a capacidade empática de se colocar no lugar dos outros, de considerar as opiniões dos outros, de expressar adequadamente as próprias ideias e emoções e de aceitar e fazer críticas construtivas. Ouvir, expor e dialogar implica ter ciência dos principais tipos de interação verbal, ser competente na expressão e na compreensão das mensagens orais que se trocam em situações comunicativas diversas e adaptar a comunicação ao contexto. Isso implica a utilização ativa e efetiva de códigos e habilidades linguísticas e não linguísticas, das regras próprias do intercâmbio comunicativo em diferentes situações, para produzir textos orais adequados a cada situação de comunicação.

A linguagem deve ser objeto de observação e análise. Expressar e interpretar diferentes tipos de discurso acordes à situação comunicativa em diferentes contextos sociais e culturais implica o conhecimento e a aplicação efetiva das regras de funcionamento do sistema da língua. O contato com as estruturas de comunicação linguística por meio do método dinâmico facilita ao aluno entender o que lê e o que escreve (Cantero, 2008). Esse modelo de ensino dinâmico da competência comunicativa em Educação Secundária parte do contato com as estruturas de comunicação linguística bem formadas para situá-las na mente do aluno a fim de que as reconheça para entender o que lê e para que entenda o que escreve, visto que sem elas não há clareza nem correção. O texto é considerado "uma mensagem formada por várias orações que somam seus significados para formar um significado maior". O contato com as palavras e suas combinações, com seu tecido, com seu texto, tem por objetivo compreender como significam, para poder, depois, dar-lhe uma explicação técnica, isto é, adquirir o domínio prático que se aperfeiçoará com o modelo abstrato. O modelo propõe as seguintes chaves:

- pôr o aluno em contato com a entonação, a estrutura sintática e a ortografia, como três realidades inseparáveis para ler e escrever;
- substituir a descrição formal abstrata pela "experimentação" repetida com estruturas que servem de modelo, pondo o aluno na situação de construir orações e modificar outras para descobrir a relação entre a sintaxe e a clareza significativa;
- aplicar a reflexão sintática (diante da "carência de palavras" dos alunos da ESO, o método propõe a reflexão sintática, isto é, descobrir como as palavras e seu significado se formam pela combinação de outras palavras; portanto, sintaxe e léxico podem ser aprendidos juntos, pois é possível trabalhar em dois níveis ao mesmo tempo. Por isso, desenvolve o hábito de consulta do dicionário e comprovação de que a informação que proporciona é, ao mesmo tempo, sintaxe.);
- dar prioridade às relações de significado sobre o rigor formal da sintaxe, isto é, ler textos sem se preocupar com os mecanismos do

idioma que os tornam possíveis (O rigor formal deve estar presente na cabeça do professor, mas não no aluno, e a primeira coisa que deve fazer é ter ciência de que a combinação de palavras tem exigências que devem ser respeitadas ao escrever e conhecidas ao ler. Por isso, constrói unidades didáticas para "acrescentar significados", "somar", "opor", "reformular", "encadear significados", em vez de conceitos como "coordenação", "subordinação", para que os alunos saibam com certeza quais são os termos que se encadeiam ou se opõem na relação causa/efeito.).

Desse modo, a unidade "Acrescentar significados" tem por objetivo compreender as relações de dependência entre as palavras, partindo do fato comunicativo da criação de sentido, na qual umas palavras completam o significado de outras das quais dependem, isto é, às quais se subordinam. As significações finais da mensagem são dadas ao acrescentar uns significados a outros, isto é, ao completar ou complementar uma palavra principal, que chamaremos de "núcleo". Por exemplo: "o amigo de meu irmão" e "o irmão de meu amigo" não significam a mesma coisa, porque, embora contenham as mesmas palavras, elas não mantêm a mesma relação; uma se subordina a outra por uma organização hierárquica; há uma palavra que se mostram como núcleo e outras que se mostram como complementos desse núcleo, podendo ser o inverso. Assim, acrescentam-se significados aos nomes, aos adjetivos e aos advérbios por meio de complemento e, de modo similar, aos verbos. Por exemplo, a ação de comprar (verbo) pode ser completada quando se acrescenta o que se compra (CD), para quem se compra (CI) e onde se compra (CC). A unidade "Somar Significados" tem por objetivo descobrir como se constroem as relações de igualdade; a unidade "Opor Significados", como se constroem os diferentes modos de construir oposição, seja incompatível (disjuntiva), seja compatível (adversativa, concessiva) etc.

O professor deve ser um bom comunicador para que o aluno, como receptor, perceba o que quis transmitir, fazendo uso das estratégias necessárias para interagir linguisticamente de uma maneira adequada. Deve apoiar-se no conhecimento reflexivo sobre o funcionamento da linguagem e suas normas de uso.

A competência em comunicação linguística implica: ouvir, expor, colocar-se no lugar do outro, dialogar, analisar, ter compreensão oral e escrita, levar em conta outras opiniões, ter expressão oral e escrita, ler e escrever, poder se comunicar em uma língua estrangeira, organizar, utilizar diferentes tipos de discurso, relacionar-se e mover-se em outros contextos, expressar ideias e emoções, autorregular o conhecimento.

Comunicar-se e conversar são ações que implicam habilidades para estabelecer vínculos e relações construtivas com os outros e com o entorno. A competência de comunicação linguística está presente na capacidade efetiva de conviver e de resolver conflitos. Aproxima diferentes culturas, que adquirem consideração e respeito à medida que se conhecem.

A inteligência emocional como ferramenta para melhorar a comunicação

A inteligência emocional nos ajuda a gerir as emoções para melhorar as relações, o que implica conhecer a si mesmo e identificar os sentimentos, ser positivo, ter motivações, controlar os impulsos e potencializar a empatia e os processos de comunicação. A inteligência emocional parte do conhecimento das próprias emoções, da capacidade de controlá-las, da capacidade de motivar a si mesmo, do reconhecimento das emoções alheias e do controle das relações (Goleman, 1999). As emoções determinam como respondemos, nos comunicamos e nos comportamos.

Como podemos trabalhar a inteligência emocional na comunicação linguística? Trabalhando a área interdisciplinar, a comunicação deve ser fomentada em todas as matérias. Pode ser reforçada na tutoria, *workshops* de inteligência emocional, Departamento de Língua etc. Seguindo a proposta de Goleman (1999), poderia mudar atitudes e incentivar as boas relações, sendo eficaz emocionalmente falando. O conteúdo das sessões pode ser organizado seguindo alguns dos modelos já experimentados ou propostos. Por exemplo, com uma organização temática em nove núcleos:

- conhecimento mútuo, formação do grupo de alunos e aceitação da diversidade intelectual entre os diversos membros;
- tomada de decisões, trabalhando o modo de alcançar os objetivos que nos propomos; estratégias mais adequadas para atingi-los; análise dos possíveis problemas etc.;
- assertividade como um tipo de conduta preferível a outros modelos, em vez da passividade ou da agressividade;
- autoestima como a necessidade de se aceitar e aprender a viver com si mesmo;
- criatividade aplicada ao âmbito psicossocial, focando os problemas sob uma óptica diferente da habitual;
- relações interpessoais, trabalhando o modo de aprender a se relacionar com os outros;

- comunicação com estratégias de como aprender a iniciar uma conversação; ouvir os outros e analisar as coisas sob seu ponto de vista; crítica construtiva;
- autoconhecimento emocional, trabalhando o reconhecimento das emoções básicas: medo, tristeza, vergonha e alegria;
- autocontrole emocional, analisando por meio do dialogo em grupo como aprender a entender as consequências derivadas de nossas mudanças emocionais. Podem ser analisadas situações na aprendizagem com emoções positivas e emoções negativas.

4.2 A competência comunicativa linguística na construção de textos

O docente deve incentivar em seus alunos a redação de textos com coerência, coesão, gramaticalidade e adequação.

A coerência é uma propriedade interna do texto que afeta tanto a seleção quanto a ordenação da informação. Um texto é coerente quando tem um tema bem definido e delimitado e quando todas as orações que o compõem apontam com clareza para esse tema de forma ordenada.

A coesão afeta a forma externa do texto ou discurso e faz com que as orações fiquem conectadas e enlaçadas entre si. São procedimentos colocados estrategicamente no texto, para ajudar o ouvinte ou leitor a acompanhar com fluência e facilidade a sequência das ideias.

Quanto à gramaticalidade, um texto é gramaticalmente correto quando todas as suas orações estão bem construídas.

A adequação em um contexto de comunicação específico é necessária. Em toda comunicação existe um emissor, que pode ser falante ou escritor, que emite um texto ou discurso. O emissor tem uma finalidade: informar, convencer, divertir etc. O discurso dirige-se a um receptor, que é o destinatário, que recebe e interpreta. Essa informação se dá em um contexto determinado, que condiciona o conteúdo, bem como a forma do discurso.

A coerência, a coesão, a gramaticalidade e a adequação contribuem para a comunicação dos elementos integradores do texto.

O texto linguístico, como produto da competência linguística, permite ver a criatividade do ser humano. Por meio do Programa de Instrução em Compreensão (Sánchez, 1993), alunos de Educação Secundária podem trabalhar a compreensão de textos expositivos com perguntas para si mesmos e o autocontrole da compreensão.

4.3 O processo de ensino-aprendizagem

O interesse da aprendizagem deve estar centrado em quem aprende, suas necessidades, e no modo como se aprende. Como nos diz o professor Medina Rivilla (2006), devemos incentivar a empatia nos processos de ensino-aprendizagem, favorecendo a comunicação didática entre docentes e discentes. É preciso vincular a perspectiva da aprendizagem ao longo de toda a vida com os diferentes momentos de vida das pessoas.

É necessário construir um cenário criativo e formativo utilizando recursos didáticos que motivem o aluno: multimídia, fóruns etc. Como docentes, orientadores e formadores, devemos impulsionar o desenvolvimento de métodos e contextos eficazes de ensino e aprendizagem, a fim de que as pessoas assumam a aprendizagem ao longo da vida. É preciso desenvolver sistemas de aprendizagem de elevada qualidade, voltados para os usuários e adaptados à diversidade de estilos de aprendizagem, orientados à demanda educacional. Os estilos de aprendizagem são definidos como as maneiras pessoais de processar a informação, os sentimentos e os comportamentos em situações de aprendizagem. A sociedade atual exige um indivíduo não somente com habilidades cognitivas intelectuais, mas também com capacidade para se comportar de uma maneira inteligente, emocionalmente falando. Podemos entender o estilo de aprendizagem como as tendências globais de um indivíduo para aprender que estão em contínua evolução.

Por meio de "Propostas práticas para o desenvolvimento da motivação em sala de aula" (Alonso Tapia, 1991), "Motivar para a aprendizagem – Teoria e estratégias" (Alonso Tapia, 1997), podemos encontrar estratégias para favorecer a motivação em sala de aula.

Por meio de estratégias motivacionais e processos atitudinais, favorecemos o processo de ensino-aprendizagem:

- Estratégias motivacionais – autoinstruções, autoeficácia, controle, reforços positivos, reforço formativo, *feedback* etc.
- Processos atitudinais – modelo, efeito Pigmaleão, reforço.

As TICs são bons instrumentos para promover a inovação no campo da renovação pedagógica, podendo contribuir para obter aprendizagens integrais e personalizar muito mais a formação às características dos alunos. Diversos *sites* proporcionam ao professor recursos de informática para a classe e para sua função docente[2].

Momentos de aprendizagem e aprendizagem por competências

Os momentos de aprendizagem são diversos; fundamentalmente, podemos sintetizá-los em três:

- Aprendizagem formal – Desenvolvida em instituições educacionais, essa aprendizagem tem como resultado a obtenção de uma certificação acerca dos resultados obtidos.
- Aprendizagem não formal – É desenvolvida complementarmente à aprendizagem formal. Não proporciona nenhum tipo de reconhecimento formal da aprendizagem.
- Aprendizagem informal – É um tipo de aprendizagem diferente das anteriores. Este tipo de aprendizagem costuma ser adquirido de forma espontânea e, às vezes, de forma inconsciente. Por isso, às vezes, quem a realiza não tem noção de que se encontra em um processo de aprendizagem.

Diante da existência de diversas fontes de aprendizagem, é necessário desenvolver metodologias novas para avaliá-la: avaliar por competências.

As consequências que as competências básicas podem ter para a prática docente é a incorporação de novas práticas, analisando as tarefas que os

---

2 <http://www.lenguaensecundaia.com/materiallexamenes.shtml>; <http://matelatex.blogcindario.com/2005/08/00187-web-de-matematicas-con-ejercicios-para-educacion-secundaria-pre-universitaria.html>; <www.profes.net>; <http://www.labitacoradeltigre.com/2006/06/21/ejercicios-derefuerzo-en-lengua-en-secundaria>; <http://www.masmates.com/>; <http://platea.pntic.mec.es/~jlopez5/>.

professores propõem a seus alunos e desenvolvendo tarefas compartilhadas nos currículos formal, informal e não formal.

É preciso personalizar a formação e adaptá-la às necessidades daqueles que vão se incorporar ao processo de aprendizagem, partindo sempre dos conhecimentos anteriores do aluno.

É importante a participação ativa por grupos de interesse dos alunos, despertando assim a curiosidade, a motivação e a predisposição deles: livro/fórum, encontros de poesia, oficinas de redação, clube de leitura, fóruns linguísticos mediados pelo professor com a participação de todos os alunos.

É necessário saber aproveitar melhor as sinergias do grupo para incrementar sua autonomia responsável.

4.4 A programação didática interdisciplinar

A programação didática deve servir ao docente para que ele planeje a aprendizagem dos alunos em uma matéria ao longo de um ano. Nessa programação, são propostas as metas que pretendemos alcançar: os objetivos, os conteúdos, as competências básicas, os procedimentos e as condutas com os quais vamos trabalhar. Nela, devemos incluir estratégias, atividades, instrumentos e meios que ajudarão na consecução.

No desenvolvimento dessa programação didática, vamos levar em conta as características dos alunos, seus interesses, suas capacidades, contemplando as medidas de atenção à diversidade que ajudam àqueles que necessitam alcançar os objetivos e as competências básicas da matéria.

Oferecemos um exemplo de quadro para que o docente possa organizar sua matéria:

EDUCAÇÃO SECUNDÁRIA			Matéria: LÍNGUA E LITERATURA		
Série:			Ano: 2008-2009		
Objetivos didáticos	Competências	Conteúdos	Atividades	Recursos	Critérios de avaliação
			De motivação:	Apostila	
			De ligação com os conhecimentos prévios:	Livros complementares e de ligação com outras matérias	
			De desenvolvimento/aprofundamento:	Caderno de trabalho	Critérios de qualificação
			De ampliação:	TICs	
			De reforço:		
			De síntese:		
			De avaliação		
EDUCAÇÃO EM VALORES:					
METODOLOGIA:		AGRUPAMENTOS: individual, duplas, pequeno grupo e grande grupo			
TEMPORALIZAÇÃO		ESPAÇOS: sala de informática		ATENDIMENTO À DIVERSIDADE:	
SESSÕES:					
INTERDISCIPLINARIDADE: com a área de					

Os alunos que não forem bem na matéria levarão um Plano de Trabalho Individualizado (PTI), que atenderá à diversidade. Cada professor, coordenado pelo tutor, desenvolverá um Plano de Trabalho Individualizado contemplando nele as competências que o aluno deverá alcançar nas áreas. Constarão os conteúdos, a organização do processo de ensino-aprendizagem, bem como os procedimentos de avaliação. Serão desenvolvidas atividades individuais e cooperativas. Far-se-á alusão aos agrupamentos, materiais necessários, responsáveis, distribuição de tempos e locais onde será realizado.

4.5 Competência linguística em línguas estrangeiras

Significa poder se comunicar em alguma língua diferente da materna, enriquecendo-se com a cultura social e linguística. A aprendizagem da língua estrangeira é baseada no desenvolvimento de habilidades comunicativas, que contribuirá para a evolução dessa competência básica no mesmo sentido que ocorre com a primeira língua. A contribuição da língua estrangeira para o desenvolvimento dessa competência é primordial no discurso oral ao adquirir as habilidades de ouvir, falar e conversar, uma relevância singular na ESO.

A aprendizagem da língua estrangeira melhora a competência comunicativa geral ao desenvolver a habilidade para se expressar, oralmente e por escrito, utilizando as convenções e a linguagem apropriadas a cada situação, interpretando diferentes tipos de discurso em contextos e com funções diversas. O reconhecimento e a aprendizagem progressiva de regras de funcionamento do sistema da língua estrangeira, a partir das línguas conhecidas, melhorarão a aquisição dessa competência.

Às vezes, o contato com o fenômeno migratório permite se mover em contextos diferentes do próprio. Favorece o acesso a mais fontes de informação e comunicação para a aprendizagem. Essa competência, no caso das línguas estrangeiras, implica poder se comunicar em algumas delas e, com isso, enriquecer as relações sociais e se mover em contextos diferentes do próprio. O desenvolvimento da competência linguística visa, no final da educação obrigatória, ao domínio da língua oral e escrita em diversos contextos e ao uso funcional de pelo menos uma língua estrangeira. A comunicação em línguas estrangeiras requer, também, possuir capacidades, tais como a mediação e a compreensão intercultural.

A competência comunicativa propõe o ensino das línguas de modo que as tarefas de aprendizagem atendam ao incentivo às capacidades de expressão e compreensão dos alunos, atualizando competências discursivas adequadas a cada contexto e situação e proporcionando às aprendizes estratégias de uso e reflexão metacomunicativa que tornem mais adequadas as ações verbais e não verbais.

4.6 Pautas para incentivar a leitura na ESO

Para o sucesso do Plano de Incentivo à Leitura, é necessário que haja um compromisso por parte dos professores, bem como de todas as áreas correspondentes, visto que a leitura constitui um fator fundamental para o desenvolvimento das competências básicas. Deve-se reservar um tempo para a leitura em todas as matérias. O programa de estimulação da compreensão da leitura (Huerta e Matamala, 1990) facilita o treinamento sistemático da leitura compreensiva oral e silenciosa em Educação Secundária, desenvolvendo o autocontrole e a reflexão da leitura, usando gravações, leitura conjunta e de apoio.

A leitura permite a interpretação e a compreensão do código, possibilitando fazer uso da língua escrita. Deve ser adquirida, em etapas anteriores, como fonte de prazer, de descoberta de outro entorno, idiomas e culturas, e de saber. Isso contribui, por sua vez, para conservar e melhorar a competência comunicativa.

O Plano de Incentivo à Leitura deve responder a: O que ensinar? Como ensinar? Quando? Quanto? E onde?

Podemos seguir o programa de avaliação proposto no ponto anterior para a elaboração do plano, estudando a qualidade intrínseca do programa, o contexto do programa, a qualidade técnica, a adequação ao contexto, sua adequação ao ponto de partida (viabilidade), analisando qual será o âmbito de aplicação do programa para poder atingir resultados favoráveis e propiciar sua continuidade.

É necessário que o aluno leia e compreenda textos diversos de um nível adequado a suas capacidades e interesses a fim de extrair informação geral e específica, utilizando a leitura como fonte de prazer e de enriquecimento pessoal.

Pode ser um modelo de indicadores para trabalhar na leitura interdisciplinar:

- identificação de detalhes relevantes da leitura e relação com outras áreas;
- identificação de ideias principais e secundárias;
- conexão de ideias próprias e avaliação do texto;
- análise e esclarecimento de novo vocabulário;
- identificação de estruturas do texto;

- busca e integração de informação complementar usando diversas fontes;
- domínio do trabalho profundo com textos de diferentes funções: descritivos, expressivos, poéticos etc.;
- autoavaliação e colóquios incentivando o espírito crítico nas leituras realizadas.

O programa de tratamento da leitura também deve estar voltado para a diversidade, podendo ser aplicado a outras línguas diferentes da materna, sendo seu uso adequado para as aulas de bilinguismo e para favorecer a interculturalidade e inclusão.

Deve-se educar para poder trabalhar, indiferentemente, o verso e a prosa. Far-se-á especial reincidência no trabalho com diversos textos em sala de aula, de forma interdisciplinar.

É importante trabalhar a leitura na ESO reforçando aprendizagens anteriores, visto que dela depende o tempo empregado no estudo, a boa resolução de problemas, a compreensão do tema; em boa medida, o sucesso escolar. Podemos utilizar programas do MEC (http://www.cnice.mec.es/).

Trabalha-se a leitura sob a perspectiva psicolinguística e sociocultural nas diferentes áreas. Cada professor deve realizar um Processo de Controle, em classe, de aquisição dos conteúdos e das competências trabalhadas. Cada professor manterá um registro por aluno, periódico, e com a frequência estabelecida pela equipe docente e serão contrastadas pelo tutor informações pessoais do aluno.

Pode-se realizar a difusão do Plano de Leitura por meio de:

- reuniões e coordenação de tutores de ESO para colaborar na leitura interdisciplinar. É importante consolidar a equipe de inovação e pesquisa entre tutores participantes, estudantes e equipe coordenadora (Medina, 2006);
- informação e motivação dos alunos por meio da seleção de leituras acordes a seus gostos;
- um diário de classe, no qual poderão, por meio da expressão escrita, ir mostrando sua criatividade;
- estímulos e reforços positivos sobre a leitura;
- dinamismo na biblioteca – serão feitos cartões de empréstimo a todos os alunos;

- abertura para qualquer sugestão e contribuição por parte de qualquer membro da comunidade educacional;
- comunicação com os professores para ajuda no incentivo à leitura;
- incorporação das TICs à leitura;
- cursos formativos para os docentes;
- Avaliação Inicial da Competência Comunicativa, feita previamente, personalizada. Isso atenderá aos alunos imigrantes, incluindo a diversidade da classe, avaliando a compreensão e a expressão oral e escrita por meio de um questionário que dispõe das seguintes chaves:

NA Não adquirido	QN Quase nunca	AV Às vezes	QS Quase sempre	A Adquirido
Indicadores 1. 2. 3. ...				
COMPETÊNCIAS TRABALHADAS:				

Depois, veremos o progresso, por trimestres, em cada um dos indicadores que estabelecermos e que podem servir para trabalhar nas diferentes disciplinas.

Deve-se ajustar o procedimento de leitura aos textos específicos, relacionando aprendizagens trabalhadas em outras matérias e os conhecimentos já adquiridos, para que o aluno desenvolva, com habilidade e destreza, os diferentes tipos de textos: descritivo, narrativo, expositivo, argumentativo, retórico, instrutivo e conversacional.

4.7 Atendimento à diversidade na LOE

Serão atendidas as necessidades educacionais específicas dos alunos e a consecução das competências básicas e objetivos da ESO.

Existem medidas curriculares e organizativas nos Projetos Educacionais: agrupamentos flexíveis, apoio regular a grupos, desdobramentos, matérias opcionais, medidas de reforço, adaptações do currículo, diversificação curricular e outros programas.

Nas adaptações curriculares significativas, a escolarização desses alunos poderá se prolongar por mais um ano se isso favorecer a obtenção do título acadêmico.

Entre as medidas de atendimento à diversidade, serão contemplados:

- adaptações do currículo;
- integração de matérias em âmbitos;
- agrupamentos flexíveis;
- desdobramentos de grupos;
- ferta de matérias opcionais.

Os programas de reforço e de tratamento personalizado para os alunos com necessidades especiais serão regidos por:

- princípios de normatização e inclusão;
- princípio de não discriminação;
- igualdade efetiva no acesso e permanência no sistema educacional.

A escolarização desses alunos em unidades de educação especial só ocorrerá, de fato, quando suas necessidades não puderem ser atendidas no âmbito do atendimento à diversidade da instituição regular. A identificação e a avaliação devem ser feitas por pessoal qualificado.

Os alunos com altas capacidades devem ser diagnosticados, recebendo uma resposta educacional que atenda a suas necessidades escolares. As administrações educacionais adotarão as medidas que for preciso para identificar esses alunos, avaliar e atender a suas necessidades. É importante dar uma resposta de qualidade à diversidade, um currículo ótimo para cada aluno, que atenda às necessidades individuais. Os alunos com superdotação intelectual são uma parte dessa diversidade. Para apresentar um rendimento adequado, os alunos com alta capacidade intelectual requerem um tratamento diferenciado, visto que têm igualdade de direitos de potencializar suas capacidades. Uma criança de altas capacidades, se não receber o apoio adequado, poderá perdê-las. Precisa passar por um processo de identificação e intervenção. A falta disso, para o desenvolvimento de suas possibilidades, acarreta apatia, baixo rendimento e falta de integração do aluno de altas capacidades.

4.8 Alunos com desconhecimento do idioma

A imigração é um fenômeno atual em nosso país; compartilhamos espaço, trabalho etc. com pessoas de diversos lugares e países, e isso também ocorre em sala de aula. Devemos usar estratégias e ações educacionais que deem sentido a essa nova realidade à qual temos de oferecer uma resposta educacional. Os alunos procedem de universos linguísticos e culturas diferentes. Às vezes, chegam às escolas sem uma escolarização prévia e com um conhecimento nulo do castelhano. A sociedade precisa de um esforço por parte dos docentes, não só para transmitir conhecimentos, como também para a educação em valores.

Viver em um pluriculturalismo é conviver com pessoas de identidades diferentes com as quais temos de nos comunicar. Diante da realidade imigratória, devemos oferecer respostas que permitam o desenvolvimento pessoal e a integração socioeducacional dos imigrantes na sociedade que os acolhem.

A qualidade da educação será determinada por sua coerência, eficiência, utilidade, eficácia, equidade, satisfação, pertinência e contribuição ao desenvolvimento. Não há qualidade quando um sistema educacional não contempla a educação para a inclusão. As escolas estão se adaptando à sociedade multicultural e atendendo à diversidade cultural.

Propomos uma série de opções para desenvolver a interculturalidade:

- opção ética: respeito mútuo;
- opção ideológica: pluriculturalismo enriquece;
- opção sociopolítica: coesão e integração social;
- opção conceitual: definição de livro.

A escola deve evitar e compensar as desigualdades derivadas de fatores sociais, econômicos, culturais, geográficos, étnicos ou de outro âmbito.

Devemos promover nas escolas o uso de estratégias de aprendizagem que desenvolvam nos alunos habilidades interpessoais e de trabalho em grupo, quais sejam:

- o diálogo construtivo;
- a escuta ativa e a negociação;
- a valorização da diversidade;
- a responsabilidade pessoal junto com o compromisso e as relações solidárias.

Na educação intercultural temos três linhas de trabalho nas escolas:

- projeto educacional;
- desenvolvimento do currículo;
- propostas para a sala de aula.

Independente da riqueza cultural produzida pelo fenômeno migratório, também representa um novo desafio para os professores e as escolas, pois, às vezes, encontram pessoas recém-chegadas de seus países originários sem um contato nem conhecimento do idioma castelhano. Devemos ensinar e enriquecer seu vocabulário para que possam se comunicar e inter-relacionar em todos os contextos da vida diária. Os alunos com desconhecimento do idioma deverão receber atenção específica, simultânea a sua escolarização, levando em conta que deverá passar o máximo de tempo possível na escola. Na comunidade de Madri, existem aulas para a aprendizagem prévia do Espanhol, sendo incorporadas, quando se julga conveniente, à sala de aula regular.

O Projeto Educacional Escolar deverá refletir os princípios de interculturalidade e plurilinguismo, trabalhando o respeito às culturas, às línguas de origem e à inclusão educacional.

Há diferentes e diversos programas de acompanhamento para a aprendizagem do castelhano, tendo como referência sua língua materna. Para os alunos de incorporação tardia, deve-se atentar tanto para as suas circunstâncias pessoais quanto para os conhecimentos, a idade e a escolarização. Em síntese, a medida será desenvolver programas específicos com os alunos que apresentarem graves déficits linguísticos, ou em suas competências, ou conhecimentos básicos, a fim de facilitar sua integração à série correspondente. O desenvolvimento desses programas será simultâneo à escolarização desses alunos nos grupos regulares.

A rápida adaptação dos alunos e de suas famílias à comunidade educacional será facilitada.

A educação deve ter como horizonte planejar objetivos precisos para fazer com que os alunos sejam moralmente autônomos, solidários e responsáveis.

Como docentes, temos uma "missão": atender às necessidades dos alunos e melhorar a qualidade de ensino e aprendizagem. A missão e os valores são necessários, mas não suficientes para garantir a realização de um projeto educacional. É preciso pessoas que disponham de qualidades para motivar, orientar, acompanhar e resolver problemas que possam surgir na prática da missão.

Capítulo 5
Competência comunicativa por meio dos textos

Francisco Gutiérrez Carbajo

5.1 A comunicação linguística

A inclusão da competência Comunicação Linguística na Educação Primária e Secundária tem como finalidade fundamental ampliar e consolidar de forma decisiva o campo das habilidades dos alunos.

A visão equilibrada e integradora de comunicação linguística favorece a apreciação do instrumento e do contexto em que se inscrevem as competências do âmbito da compreensão e da expressão e as estratégias que devem ser ativadas na aprendizagem das diversas disciplinas.

Graças a um aprofundamento nas formas de compreensão, expressão e comunicação, o aluno terá oportunidade de estar em contato direto com formas de pensar e de sentir, que, de outro modo, só poderia conhecer em termos muito gerais e imprecisos.

As formas de expressão da conversação diária e sua fixação nos textos – não somente literários – encerram o núcleo mais vivo dos sentimentos e ideias de um país e de uma época determinados, sendo que, por meio deles, o aluno pode adquirir consciência da pluralidade ideológica e da riqueza imaginativa que configuram o mundo atual. Durante os últimos séculos, a crescente diversidade de formas expressivas e a especialização linguística de cada gênero, e inclusive de cada autor, viram-se contrapostas à acelerada facilidade das comunicações e ao mútuo respeito entre as diferentes culturas. Nossa época se caracteriza justamente por um relançamento desses meios de comunicação que, mesmo não estando claramente encaminhados, condicionam as diversas opções estéticas. O estudante deve estar conectado com essa dinâmica cultural, capaz de assimilar tanto as referências do passado quanto as pertencentes ao contexto internacional.

O estudo das formas de comunicação e expressão ajudará a compreender como e por que os frutos da imaginação se incrustaram na memória coletiva. Interessado fundamentalmente pelas manifestações culturais de hoje e de seu entorno mais imediato, o aluno pode adquirir, por meio dessa matéria, a profundidade de campo mental e as atitudes necessárias para compreender plenamente a cultura de nosso tempo. Nesse sentido, a comunicação linguística contribui de forma específica para o desenvolvimento das capacidades e dos objetivos propostos nesses ensinos. O domínio dessa matéria contribuirá para sua integração como cidadão responsável em um contexto que cada dia exige maior universalidade e, ao mesmo tempo, colaborará com as demais matérias para a consecução de outras finalidades: promoverá a capacidade de raciocínio lógico; o emprego das técnicas comunicação e expressão adequadas; permitirá a assimilação de novas aprendizagens e conhecimentos; facilitará ao aluno o desenvolvimento da dimensão estética e da criatividade, bem como a recepção e a fruição dos legados culturais de nosso país e de outros países de nosso entorno. Por último, a reflexão sobre a própria comunicação linguística contribuirá para a análise crítica da realidade contemporânea marcada pelo signo das intercomunicações, mas também pelo da diversidade e da complexidade.

5.2 Enfoques da comunicação linguística

A comunicação linguística é a forma mais importante de expressão que temos a nossa disposição, sem esquecer outros meios de manifestar nossos pensamentos e nossas emoções. A gestual, por exemplo, é uma delas. Mas é o uso da linguagem que nos define como humanos, segundo Aristóteles. A expressão linguística nos textos literários é, além de tudo, uma atividade estética. O escritor é aquele que desenha formas e as plasma com um sentido artístico; aquele que escolhe, dentre os instrumentos linguísticos, os que expressam melhor sua ideia criativa e os articula em um conjunto harmonioso. O resultado é um texto, que nem sempre irá se identificar com sua realização escrita. Trata-se de um sistema significante e uma mensagem, situado dentro das funções descritas pela teoria da comunicação.

Os diversos enfoques da comunicação – e, portanto, do texto – são determinados pelos elementos do ato comunicativo que se queiram ressaltar. Assim, as *teorias românticas* e os *enfoques psicologistas* enfatizam especialmente o papel do *emissor*. Considera-se, assim, o ato da comunicação como a expressão da subjetividade do criador. Sob essa perspectiva, a cultura clássica já se preocupava, de forma particular, com a *natureza do gênio*, com a psicologia do criador e com a estrutura do processo criador. A estrutura do ato comunicativo era considerada um reflexo do estado ou da estrutura anímica do sujeito. Nietzsche distingue, nesse sentido, entre o estado psicológico do sonho e o da embriaguez do êxtase. A Apolo se relacionaria o tipo de poeta clássico, o *artífice*, e a Dionísio, o poeta de tipo romântico, o *possesso*. Jung e Freud tentaram traçar uma tipologia dos criadores e associaram certos mecanismos do sonho, como a condensação e o deslocamento, a procedimentos literários como a metáfora e a metonímia. Sem chegar a esses níveis de especialização, é frequente o recurso à perspectiva psicologista, que considera o ato comunicativo como uma simples projeção do estado de ânimo do emissor.

Diante dessa atitude, as *teorias formalistas* concentram sua atenção na mensagem, *na obra em si mesma*. O *New Criticism* americano, por um lado, e o *formalismo russo*, por outro, tentam explorar especificamente a mensagem criadora e rejeitam as proposições das concepções românticas e psicologistas em benefício de uma proposta detalhada e empírica da leitura. A preocupação fundamental que guia as pesquisas formalistas é o desejo de encontrar as particularidades específicas da mensagem, a especificidade do fenômeno comunicativo como fato linguístico. Alguns partidários dessa corrente chegaram a falar da "morte do autor", visto que o texto era considerado como uma realidade autônoma e imanente. O próprio texto organizava sua estrutura, e a tarefa do pesquisador devia limitar-se a descobrir ou analisar as leis que a regiam.

A *crítica sociológica* atenta especialmente ao *contexto*. A comunicação não é considerada, portanto, uma projeção subjetiva ou um desabafo pessoal, como postulam as estéticas psicologistas e românticas, e sim uma resposta significativa a uma situação particular. Diante das teorias formalistas defensoras do estudo imanente, o que as propostas sociológicas buscam é transcender a mensagem e, às vezes, situar-se deliberadamente na periferia do fenômeno comunicativo. Já no século XVIII, Vico e Herder apontam a relação entre a língua, a literatura e a sociedade, e Madame de Staël publica, em 1810, uma obra com o título *Acerca da literatura considerada nas suas relações com as instituições sociais*. Dentre os antecedentes da crítica sociológica, devemos situar também H. Taine, para quem o "meio ambiente" é o fator determinante de todo processo histórico e está sujeito às mesmas previsões que os fenômenos da ciência natural.

O *enfoque estruturalista* chama a atenção para os *códigos* utilizados na elaboração do discurso. Diante da concepção da obra como produto da vida criativa de um emissor e como expressão de seu "eu" essencial, a teoria estruturalista defende o estudo puramente funcional da linguagem e sua inclusão dentro da ciência geral dos sinais ou *semiologia*. A teoria literária do estruturalismo tcheco – em especial o Círculo Linguístico de Praga – e a Escola Glossemática de Copenhaguen ressaltam o papel predominante da função poética e concebem a obra de arte como um fato semiológico. A crítica estruturalista e pós-estruturalista francesa – na qual se destacam autores como Roland Barthes, Todorov, Genette, Greimas, Bremond e Julia Kristeva – explica a comunicação linguística como um sistema com suas estruturas próprias.

Essas teorias centradas no *código*, que durante alguns anos tiveram grande influência na docência universitária e na Educação Secundária – assim como as teses *psicologistas, sociológicas e formalistas* cumpriram sua função –, foram substituídas em nossos dias pela *pragmática* e pela *estética da recepção*, que dão ênfase especial à produção do ato da comunicação e ao destinatário da mensagem ou receptor. Sob a óptica da teoria da recepção, é o *receptor* quem determina o *código* em que a mensagem está escrita e, assim, *realiza* o que de outro modo só teria um sentido potencial. As interpretações não devem ser centradas só no autor nem na mensagem considerada como algo imanente: o leitor deve atuar sobre o material verbal ou textual para produzir o sentido. Wolfgang Iser afirma que as mensagens comunicativas e os textos literários sempre contêm "vãos" ou lacunas que só o receptor pode preencher em uma atualização específica.

Em resumo, as diversas teorias com base nas quais se aborda o ato comunicativo podem se relacionar com os elementos que intervêm na comunicação e com as funções linguísticas do seguinte modo:

Em suas formalizações mais brilhantes, nenhuma dessas proposições ignora as demais dimensões da comunicação. Por exemplo, no contexto da crítica estruturalista semiológica – muitos anos antes do desenvolvimento da teoria da recepção –, Umberto Eco afirma em *The Role of the Reader* [O papel do leitor] (artigos que datam de 1959) que alguns textos são "abertos" *(Finnegans Wake* ou a música atonal, por exemplo) e convidam à colaboração do receptor na produção do sentido, ao passo que outros são "fechados" (os romances de detetives etc.) e condicionam a resposta do leitor.

Figura 5.1 – *O ato comunicativo*

5.3 O conceito de competência linguística

O Dicionário da Real Academia Espanhola define o termo *competência* – na acepção mais pertinente a nosso assunto – como "aptidão" ou "perícia". Esse termo já foi formulado pelo linguista Noam A. Chomsky, em *Aspects of the Theory of Syntax* [Aspectos da teoria da sintaxe], em 1965, contrapondo-o ao de *desempenho*. Se a *competência* for concebida como o sistema interno de conhecimento que subjaz à conduta linguística, o *desempenho* concretiza-se já nessa conduta linguística real e observável. Chomsky assume explicitamente que a competência é uma faculdade idealizada, resultado de abstrair os juízos de um falante/ouvinte ideal de uma comunidade linguística completamente homogênea, que não é afetada por condições irrelevantes para a gramática como limitações de memória, distrações, erros etc. (Chomsky, 1965, p. 3). Nesse sentido, o linguista gerativista separa a competência, que é uma capacidade idealizada (mental ou psicológica), da produção real de enunciados, que é o desempenho. A dicotomia recorda a distinção entre *língua* e *fala* de Saussure, como aponta o próprio Chomsky (1965, p. 4). Ambos os conceitos pretendem extrair da massa de fatos da linguagem uma entidade sistemática, que possa servir como objeto de estudo legítimo da linguística.

A competência linguística está no complexo mundo de virtualidades e potencialidades comunicativas que o sujeito tem, na capacidade de produzir e entender mensagens orais e escritas e em sua disponibilidade para interagir nas diversas esferas da vida social.

Hymes cunha o termo *competência comunicativa* dentro do ensino da linguagem. Esse autor desenvolve um modelo valioso na identificação dos componentes da interação linguística e observa que falar uma língua corretamente não apenas implica aprender seu vocabulário e gramática, mas também compreender o contexto no qual as palavras são utilizadas. Para entender e favorecer a competência linguística, é preciso atentar à linguagem escrita, à expressão e à narração oral, devendo ser levados em conta campos tão diversos como a sociologia, a psicologia etc., aos quais nos referimos ao enunciar as diversas teorias sobre a comunicação.

A concreção da competência linguística no ensino foi objeto de diversas normatizações legais, a que vamos nos referir e, eventualmente, reproduziremos.

Muñoz (1997:22) define a competência como o "conjunto de conhecimentos, habilidades, destrezas e atitudes cuja aplicação no trabalho se traduz em um desempenho superior, que contribui para a consecução dos objetivos-chave do negócio".

No Real Decreto 1631/2006, de 29 de dezembro (BOE, 5 de janeiro de 2007), que estabelece os ensinos mínimos correspondentes à Educação Secundária Obrigatória, concede-se especial importância à competência em comunicação linguística. No âmbito da proposta feita pela União Europeia e de acordo com suas considerações, foram identificadas oito competências básicas, das quais a primeira que se aponta é justamente a competência em comunicação linguística. Reproduzimos literalmente o texto do Real Decreto referente a ela:

> Esta competência se refere à utilização da linguagem como instrumento de comunicação oral e escrita, de representação, interpretação e compreensão da realidade, de construção e comunicação do conhecimento e de organização e autorregulação do pensamento, das emoções e da conduta.
>
> Os conhecimentos, destrezas e atitudes próprios dessa competência permitem expressar pensamentos, emoções, vivências e opiniões, bem como dialogar, formar um juízo crítico e ético, gerar ideias, estruturar o conhecimento, dar coerência e coesão ao discurso e às próprias ações e tarefas, adotar decisões e ter prazer ouvindo, lendo ou expressando-se de forma oral e escrita, tudo o que contribui, ainda, para o desenvolvimento da autoestima e da confiança em si mesmo.
>
> Comunicar-se e conversar são ações que implicam habilidades para estabelecer vínculos e relações construtivas com os outros e com o entorno, e aproximar-se de novas culturas, que adquirem consideração e respeito na medida em que se conhecem. Por isso, a competência de comunicação linguística está presente na capacidade efetiva de conviver e de resolver conflitos.

A linguagem, como ferramenta de compreensão e representação da realidade, deve ser instrumento para a igualdade, a construção de relações iguais entre homens e mulheres, a eliminação de estereótipos e expressões sexistas. A comunicação linguística deve ser motor da resolução pacífica de conflitos na comunidade escolar.

Ouvir, expor e dialogar implica ter ciência dos principais tipos de interação verbal, ser progressivamente competente na expressão e compreensão das mensagens orais trocadas em situações comunicativas diversas e adaptar a comunicação ao contexto. Implica, também, a utilização ativa e efetiva de códigos e habilidades linguísticas e não linguísticas e das regras próprias do intercâmbio comunicativo em diferentes situações, para produzir textos orais adequados a cada situação de comunicação.

Ler e escrever são ações que implicam e reforçam as habilidades que permitem buscar, compilar e processar informação, e ser competente para compreender, compor e utilizar diferentes tipos de textos com intenções comunicativas ou criativas diversas. A leitura facilita a interpretação e compreensão do código que permite fazer uso da língua escrita e é, ainda, fonte de prazer, de descoberta de outro entorno, idiomas e culturas, de fantasia e de saber, o que contribui, por sua vez, para a conservação e melhora da competência comunicativa.

A habilidade para selecionar e aplicar determinados propósitos ou objetivos às ações próprias da comunicação linguística (o diálogo, a leitura, a escrita etc.) está vinculada a alguns traços fundamentais dessa competência, como as habilidades para se representar mentalmente, interpretar e compreender a realidade, e organizar e autorregular o conhecimento e a ação dotando-os de coerência.

Compreender e saber comunicar são saberes práticos que devem se apoiar no conhecimento reflexivo sobre o funcionamento da linguagem e suas normas de uso, e implicam a capacidade de tomar a linguagem como objeto de observação e análise. Expressar e interpretar diferentes tipos de discurso acordes à situação comunicativa em diversos contextos sociais e culturais implica o conhecimento e aplicação efetiva das regras de funcionamento do sistema da língua e das estratégias necessárias para interagir linguisticamente de uma maneira adequada.

Dispor dessa competência significa ter ciência das convenções sociais, dos valores e aspectos culturais e da versatilidade da linguagem em função do contexto e da intenção comunicativa. Implica a capacidade empática de se colocar no lugar de outras pessoas; de ler, ouvir, analisar e levar em conta opiniões diferentes da própria com sensibilidade e espírito crítico; de expressar adequadamente as próprias ideias e emoções, e de aceitar e fazer críticas com espírito construtivo.

Com diferentes níveis de domínio e formalização – especialmente na língua escrita – esta competência significa, no caso das línguas estrangeiras, poder se comunicar em algumas delas e, deste modo, enriquecer as relações sociais e mover-se em contextos diferentes do próprio. Ainda, favorece o acesso a mais e diversas fontes de informação, comunicação e aprendizagem.

5.4 A competência linguística e o texto

Os Reais Decretos referentes a esses ensinos estabelecem três âmbitos discursivos fundamentais para a área de Língua: textos da vida cotidiana, textos dos meios de comunicação e textos acadêmicos, que são os que tomarão nossa atenção, sem que esqueçamos a importância dos anteriores.

Parece legítimo reconhecer que nos últimos anos estamos assistindo a uma progressiva afirmação do *texto* como unidade de análise, mas não sob uma perspectiva imanente segundo as teses formalistas, e sim considerado em sua relação com as determinações contextuais. As teorias estruturalistas viram-se enriquecidas, portanto, pelas contribuições da estética da recepção e da pragmática. Sua dimensão *contextual* irá colocá-lo em relação ao *autor, ao receptor, à história, à sociedade* e a outros tipos de manifestações culturais e artísticas.

Em sua relação *ao autor*, não se atenderá apenas aos aspectos psicológicos – denotadores dos valores expressivos ou sintomáticos do texto –, mas também a outros especificamente literários, como o ponto de vista, a voz, a focalização etc.

Como ponto de partida para estudar a relação do texto com o *leitor*, pode ser útil a crítica de Jauss à mensagem considerada como uma construção formal com sentido único, o que Mukarovsky chamava de artefato. A experiência das recepções diferentes de cada texto nos fará evitar a pergunta pelo "sentido único" do texto, para nos interessarmos pelo porquê de um texto ter um determinado sentido para um determinado grupo de leitores, na certeza de que não há uma única leitura válida, e sim recepções diferentes. Só assim poderemos relacionar a *língua* e a *literatura* com a *educação*, com a *História* e com a *sociedade*, e reconhecer o caráter histórico dos fatos linguístico-literários que não estabelecem conexão apenas com *sua própria história* (a diacronia interna dos sistemas), mas também com a dos demais movimentos sociais e culturais e com o decurso da *História geral*. O receptor se mostra, portanto, como uma força cocriadora que proporciona ao texto seu caráter dinâmico. Desse modo, destroem-se os preconceitos do objetivismo histórico segundo o qual há "fatos" independentemente da relação entre autor-crítico-leitor, que possam se dar retrospectivamente. Nesse processo, o *horizonte de expectativas* aparece como um conceito-chave, que Jauss toma da escola hermenêutica husserliana e especificamente de Gadamer. A leitura, segundo esse conceito, não constitui um processo neutro. Ao contrário, o autor reúne preconceitos, normas genéricas, formas das obras anteriores, até canalizar certas *expectativas* para um determinado sentido. Nesse processo, a tarefa do professor é especialmente importante, não tanto para dirigir a leitura quanto para aumentar a capacidade de compreensão e a sensibilidade perceptiva dos alunos. As diretrizes registradas nos Reais Decretos consideram que a leitura constitui um fator primordial para o desenvolvimento das competências básicas. Diz, ainda, que as escolas deverão garantir na prática docente de todas as matérias um tempo dedicado a ela em todas e cada uma das séries.

5.5 A análise, a compreensão e a produção de textos

A análise e a compreensão de textos – tanto escritos quanto orais –, bem como sua produção e elaboração, constituem alguns dos principais instrumentos para desenvolver a competência na comunicação linguística. O professor deve contar com a contribuição atual das novas tecnologias, levando em conta que proporcionam meios e produtos cada vez mais úteis e atrativos para os estudantes, mas deve ter especial cuidado com o trabalho com textos.

Se no terreno da língua a defesa do texto como unidade de discurso superior à sentença representou não só a superação dos princípios básicos das gramáticas tradicionais, estruturais e funcionais, como também a do padrão generativo sintático e semântico, no campo da literatura, a proclamação do texto como unidade de análise significou centrar-se em seu universo mais próprio e característico.

Graças ao texto, poderemos fornecer aos alunos, por um lado, determinados princípios operativos que lhe permitam não só conhecer os mecanismos do discurso literário, como também produzir eles mesmos discursos desse tipo; por outro lado, será mais fácil para eles refletirem sobre as mensagens em dois níveis fundamentais: no nível da pura literariedade, isto é, da especificidade da linguagem literária, com a finalidade de conhecerem os mecanismos de seu funcionamento, e no nível de suas determinações contextuais, isto é, de suas relações não só com seu produtor e receptor, mas também com as instâncias culturais e sociais em que é produzido.

O texto, com os "fechamentos" e delimitações que todo discurso implica, não é, porém, uma entidade estática, com um sentido único, um enigma a cuja resolução devamos dedicar todo o nosso esforço. O texto é uma realidade dinâmica, cujo sentido último – dentre alguns de seus significados possíveis – é dado pela recepção. A assessoria e a orientação do professor são fundamentais nessa atividade receptiva do discurso literário. Nesse sentido, não parece legítimo aspirar ao manejo consciente de qualquer processo de leitura crítica se anteriormente não se houver feito uma reflexão, em termos teóricos, acerca do objeto de leitura. Isso quer dizer que a teoria será utilizada sistematicamente como auxiliar de inquestionável importância, instrumentando necessariamente toda tentativa de analisar e valorar qualitativamente o texto ou a mensagem linguística literária. Nenhuma análise do texto se consumará em condições satisfatórias se não se reconhecer a existência de correntes metodológicas que condicionem uma atividade crítica que se pretenda minimamente disciplinada. Manifestando-se, muitas vezes, vinculadas a concepções bem definidas das motivações criativas do texto, essas correntes se afirmam principalmente como espaço de confluência, cruzamento ou rejeição de ideologias e disciplinas bem diferenciadas: da História literária à crítica psicanalítica, da sociologia da literatura ao formalismo ou à crítica estrutural, insinua-se, muitas vezes, de maneira variavelmente intensa, a presença do positivismo, da psicanálise, da sociologia etc., embora nem sempre de modo excludente.

Em vez de desenvolver com atenção cada uma dessas correntes já apontadas, parece mais oportuno descrever os métodos de abordagem textual derivados de algumas delas. Nem esses modelos nem outros que o professor possa elaborar devem ser aplicados como uma receita que desvirtue o sentido do discurso. Nem a diversidade dos textos – inclusive dentro do mesmo discurso literário – admite uma proposição única. Valem exclusivamente como exemplos de referenciais teóricos aos quais, segundo os diferentes tipos de discurso e as diversas determinações contextuais, podemos recorrer.

Na *crítica psicanalítica* o texto é apresentado como a expressão de um "eu", que, libertado das coerções do superego ou das normas sociais, éticas etc., verbaliza um conteúdo no qual se manifestam tanto as pulsões de seu mundo consciente quanto as do *subconsciente*:

- *Superego*
- *"Eu"* – texto
- *Subconsciente*

O *texto* desempenha, no que diz respeito ao emissor, uma função sintomática e, em relação ao receptor, uma função apelativa ou signalética:

Autor/Emissor ——— F. sintomática *TEXTO* F. signalética ——— *Leitor/Receptor*

Esse método apresenta inconvenientes, visto que:

1. O texto ou o discurso nem sempre é um reflexo da psicologia do autor. Como explicou T. S. Eliot, "a carreira de um artista é um contínuo holocausto de si mesmo, uma contínua extinção da personalidade etc.".
2. O apriorismo biográfico é muito frequentemente evitado no texto mediante uma "máscara"; deforma-se e até se contradiz.
3. A expressão pode ultrapassar as próprias intenções dos autores e, por conseguinte, resultar imprevisivelmente diferente. Os simbolistas, por exemplo, aproveitaram essa autonomia das palavras: "céder l'initiative aux mots", dizia Mallarmé.

Nas *teorias sociológicas*, um dos métodos que teve maior aceitação foi o estruturalismo genético de Lucien Goldmann. Ele já o aplicou às obras de Racine e Pascal e em nosso país são diversas as análises textuais baseadas nessa metodologia. Para o estruturalismo genético, o *texto* é uma *resposta significativa* a uma *situação particular*. Além disso, as estruturas do universo textual seriam homólogas às estruturas mentais de certos grupos sociais nos quais o texto foi gerado. As categorias mentais não existiriam mais no grupo senão em forma de tendências mais ou menos avançadas para uma coerência que Goldmann chama de *visão do mundo*. O escritor importante será, portanto, aquele indivíduo que conseguir criar em seu texto um universo coerente, cuja estrutura corresponda àquela para a qual tende o conjunto do grupo.

Com base no enfoque estrutural e formalista, ensaiaram-se diversos métodos de análise textual.

O modelo proposto por Tzvetan Todorov pode ser esquematizado do seguinte modo:

Aspecto verbal (análise retórica) ——— Aspecto sintático (análise narrativa) ——— Aspecto semântico (análise temática)

A análise retórica centra-se principalmente nas propriedades estilísticas; a sintática, nas relações entre as unidades do texto, e a semântica, nas relações do homem com o mundo. É possível observar, segundo Todorov, certas afinidades entre essas redes temáticas e as grandes formas de organização textual.

As classificações dos elementos textuais propostas por Leiv Flydal e por Jurgen Trabant estão aparentadas com a teoria glossemática de Hjelmslev, distinguindo entre expressão e conteúdo e em cada um desses níveis entre forma e substância. A substância da expressão em Trabant seria a língua na qual o texto está escrito; a forma da expressão, o texto como seleção que se opera na língua; a forma do conteúdo, as unidades de conteúdo, delimitadas pela intuição, e a substância do conteúdo, a interpretação da obra.

Os conceitos de significante e significado, paradigma e sintagma, tomados da linguística estrutural, constituem a base da análise textual proposta por Pagnini (1975). Tanto o significante quanto o significado têm uma função sintagmática (relação horizontal com os demais elementos presentes no discurso) e uma função paradigmática, que ele denomina *sugestiva* (relação vertical com os elementos não presentes).

O grupo *m* da Universidade de Lieja pratica uma reordenação das antigas figuras retóricas com base em uma linguística estrutural, ao passo que, na fórmula proposta por Greimas, a glossemática e a teoria generativa convergem.

Os modelos expostos são exclusivamente esquemas teóricos, aos quais o professor pode recorrer e constituem formas muito úteis de abordagem ao texto. Na dinâmica da língua, não existem formas rígidas. Cada texto exige seu próprio tratamento. Como síntese do que foi anteriormente exposto, apresentamos um modelo que podemos denominar semiótico e que atende, portanto, não só ao código e à mensagem, como também a sua produção e recepção.

TEXTO

Aspecto sintático	Aspecto semântico	Aspecto pragmático
	Semântica ▸ linguística ▸ referencial	Produção - Recepção

No aspecto *sintático*, estudam-se as relações que as unidades dos diferentes níveis mantêm entre si, como se combinam e estruturam. Isso permitirá, em um primeiro momento, o estudo do texto independentemente de seu significado referencial. O que aparece nesse primeiro estágio é a unidade solidária do texto, unidade que se complementará, mais tarde, com a integração desse nível sintático ao semântico e ao pragmático. Nesse primeiro nível, descobrir-se-ão as relações que os sinais estabelecem entre si, isto é, a relação dos fonemas com os fonemas, dos monemas com os monemas, dos sintagmas com os sintagmas etc.

No aspecto *semântico* estudar-se-á a significação dos sinais. Estão incluídos, aqui, tanto os recursos que afetam a semântica linguística ou plano da *significação*, quanto os pertencentes à semântica referencial ou plano da *designação*. Os artifícios do primeiro plano explicam, segundo Todorov, "como um texto significa?"; os do segundo "o que significa um texto?".

No aspecto *pragmático*, comprovamos que o texto comunica uma mensagem porque um autor organizou sinais e as relações que se estabelecem entre eles em um conjunto. A essa tarefa de codificação corresponde uma de decodificação por parte do receptor. O estudo da pragmática consiste, portanto, no estudo das relações do texto com o sujeito que o criou (autor) e com os sujeitos que o interpretarão e aos quais se dirige (receptores, críticos, leitores).

Desse modo, reencontramos a noção de *produtividade textual*, que sem desprezar a superfície fenotextual, conduz ao genotexto como zona de gênese de práticas textuais.

5.6 Produção de textos

O esquema semiótico, portanto, implica não só o processo de recepção e de compreensão do texto, como também o de sua produção e elaboração. Para realizar essa tarefa, é útil recorrer aos procedimentos da retórica clássica, a *inventio*, a *dispositio* e a *elocutio*, cuja formulação pode parecer muito complicada, embora sua aplicação seja muito simples.

A *inventio*, derivada do latim *invenire*, consiste em buscar ou encontrar as ideias. Trata-se de o aluno, utilizando sua competência linguística, indagar, buscar e encontrar ideias ou assuntos que deseja expor no texto escrito ou no discurso oral. Dentro do patrimônio de seus conhecimentos deve selecionar os temas que sejam mais adequados para sua exposição. A retórica clássica incluía dentro deste *tópico* os seguintes elementos: pessoa, coisa, lugar, instrumento, causa, modo, tempo etc. Isto é, deve selecionar um assunto, contextualizá-lo em um lugar e em um tempo determinados e encontrar as causas que explicam e condicionam sua natureza e seu desenvolvimento.

A *dispositio* tem como finalidade organizar os elementos que integram a *inventio* em um todo estruturado. Trata-se de buscar a coesão dos elementos que irão integrar o texto ou o discurso e dispô-los em um conjunto articulado. É conveniente estabelecer nesse processo as partes que constituirão esse conjunto e determinar a ordem de aparição. Será útil aplicar, nessa fase, o que foi formulado a propósito do aspecto *sintático* de texto; isto é, fixar as relações que as unidades dos diferentes níveis devem manter entre si, como devem se combinar e estruturar. Trata-se de articular as relações sintáticas, entendendo por elas não só as relações apontadas pela sintaxe tradicional, como também as conexões que os elementos dos diversos níveis (fonético, morfológico, sintático etc.) estabelecem uns com outros.

A *elocutio* é a exposição oral ou por escrito dos elementos encontrados na *inventio* e organizados e estruturados na *dispositio*. Equivale, de alguma maneira, ao que Chomsky denomina *atuação*, à aplicação da competência. Segundo o tipo de texto ou de discurso que o aluno ou o professor houver selecionado e articulado nos processos anteriores, haverá de se utilizar um determinado tipo de registro. Quando se trata de um discurso ou de um texto ensaístico ou científico, os termos serão utilizados segundo seu sentido denotativo, isto é, segundo a acepção habitual que o dicionário lhes atribui, e se aterão a um registro formal. As normas também não devem ser rígidas, visto que, como mostraram notáveis tratadistas, muitas vezes há mais figuras retóricas em uma conversa no mercado que em uma sessão acadêmica. Já nos textos poéticos, o valor conotativo dos termos adquire especial relevância, dado que às vezes o efeito estético resulta justamente da translação do sentido de um termo a outro. Esse é o princípio que determina os tropos, bem como os símiles, as metáforas e as metonímias. Aqui, também adquirem um lugar privilegiado determinados recursos fônicos, como a aliteração, procedimentos morfológicos, como a derivação ou o paralelismo rítmico, e sintáticos, como os paralelismos ou as anáforas.

5.7 Textos orais

Embora o que foi exposto anteriormente se aplique habitualmente aos textos escritos, as propostas formuladas podem ser utilizadas igualmente nos textos orais. Se algumas correntes linguísticas concebem o texto em um sentido muito genérico, de tal forma que uma sinfonia ou um quadro constituem, para elas, diversos tipos de textos, no extremo oposto, outras teorias, com uma visão reducionista, limitam a noção de texto a sua manifestação escrita. Aqui, entendemos por textos as manifestações linguísticas tanto escritas quanto orais. Não devemos esquecer que boa parte da literatura teve como fonte de transmissão a oralidade. A competência da língua cristaliza-se na atuação ou na fala, que engloba tanto o discurso oral quanto o escrito.

O texto oral só se diferencia do escrito pelo canal, pelo meio físico por meio do qual é transmitido. Existem textos escritos atendendo aos registros giriescos, vulgares ou coloquiais, como determinadas obras de don Ramón de la Cruz, diversos sainetes de Carlos Arniches ou – em nossos dias – alguns "quadros" cênicos de Alonso de Santos, e nem por isso perdem seu caráter literário. Há, inclusive, obras nas quais se combinam os níveis vulgares, coloquiais e formais, como acontece em *Tiempo de silencio*, de Luis Martín Santos, um dos romances mais significativos da narrativa espanhola contemporânea.

Por sua vez, encontramo-nos com textos orais, como discursos, conferências ou exposições acadêmicas, que, dentro da oralidade, revestem-se do mesmo caráter formal que os textos escritos de caráter ensaístico, filosófico ou científico.

O teatro, que, além de ser um gênero literário escrito, implica – para alcançar sua completa realização – o fato da representação, é um bom exemplo de textos ou discursos orais e escritos. Além disso, o teatro nos mostra as diferentes manifestações da linguagem verbal e não verbal.

Embora a linguagem verbal seja a predominante desde a tragédia grega, não devemos esquecer, por exemplo, o papel que a dança e o canto desempenhavam já no teatro clássico. O teatro moderno, em sua vertente experimental, em algumas ocasiões postulou a "desverbalização", como acontece em alguns espetáculos de Antonind Artaud e em algumas obras do teatro do absurdo. Trata-se de casos limite, que se aproximam da pantomima, sendo que uma das características é justamente a renúncia ao código verbal (Spang, 1991: 257).

No Marco Comum Europeu de Referência (MCER) aponta-se que a comunicação não verbal se manifesta por gestos e ações. Os gestos e ações que acompanham as atividades da língua (normalmente atividades orais cara a cara) compreendem: a) a sinalização com o dedo, com a mão, com o olhar, com uma inclinação de cabeça. Essas ações são utilizadas com dêiticos para a identificação de objetos, pessoas etc.; por exemplo: "Pode me dar esse aí? Não, esse não, aquele"; b) a demonstração, com dêiticos. Por exemplo: "Eu pego este e o prendo aqui, desse jeito. Agora, façam vocês"; c) as ações observáveis com clareza, que podem ser supostas como conhecidas em textos narrativos, comentários, pedidos etc. Por exemplo: "Não faça isso!", "Bem-feito!", "Oh, não, jogou fora!".

Esse tipo de linguagem não verbal é encontrada também no teatro; porém, tanto no teatro quanto nas diversas situações da vida diária o que se manifesta, justamente, é a riqueza e a variedade de matizes da linguagem verbal. Nessa linguagem, adquirem especial potencialidade formas elocutórias, como o diálogo, o monólogo, mas também as pausas e os apartes.

Algumas dessas formas elocutórias também são especialmente citadas no Marco Comum Europeu de Referência (MCER), dirigido ao planejamento das línguas estrangeiras. Nele, distinguem-se, "dentro das atividades comunicativas de tipo oral, entre as de compreensão auditiva e as de expressão oral, por um lado, e as de interação, por outro" (Pérez Esteve-Zayas, 2007: 69). As primeiras estão relacionadas com a forma elocutória do monólogo, ao passo que as segundas se realizam por meio do discurso dialogado. O teórico e diretor teatral Stanislavski apontou a dificuldade do uso do monólogo, visto que, embora seja muito frequente na cena, não é habitual na vida corriqueira.

Na representação teatral, porém, o monólogo pode alcançar possibilidades informativas e expressivas consideráveis, visto que são as formas dramáticas de transmitir ao público os estados de ânimo dos personagens. Tanto os problemas e conflitos quanto os estados de euforia ou de alegria são exteriorizados e veiculados frequentemente por meio dessa forma expressiva. Mas o monólogo, principalmente na vida diária, pode ser sintoma de um desequilíbrio afetivo ou a expressão do esgotamento das relações intersubjetivas. Com essa finalidade, às vezes, é utilizado no teatro (Szondi, 1985: 87).

No teatro e na vida diária, a forma elocutória fundamental é o diálogo, apesar de alguns estudiosos como Mikhail Bakhtin não considerarem o teatro como um gênero dialógico. É bem verdade que o diálogo teatral não tem sentido, como observa Robin (1973: 101) se não se relacionar com o que ele chama de *posturas discursivas* dos falantes. Por exemplo, um diálogo de Shakespeare, em que o rei é um dos falantes, pressupõe regras ou princípios definidores das relações entre o rei e os vassalos (posição discursiva), com as variantes sócio-históricas que a época de Shakespeare introduz nas relações feudais (Ubersfeld, 1989: 199-200). Algo parecido acontece na vida diária, na qual o diálogo e todo tipo de comunicação linguística são determinados pelo contexto e pela situação. Não é o mesmo diálogo que os alunos mantêm em um debate em sala de aula que o utilizado em momentos de lazer.

Convém advertir os alunos de que o diálogo não é uma sucessão de monólogos, e sim uma interação verbal, continuada e fragmentada, com uma dimensão comunicativa para os interlocutores. Para que exista diálogo e não seja uma sucessão de monólogos segmentados e intercalados, os falantes devem ceder a palavra um ao outro, limitando e terminando com sinais linguísticos perceptíveis para o outro (entonação, fórmulas de encerramento etc.) suas intervenções. Devem ouvir em turnos e contribuir com razões para que o discurso progrida, tanto no que se refere à informação quanto ao que afeta a argumentação e a construção lógica (Bobes, 1987: 118). A competência linguística habilita cada falante a selecionar, em cada momento, o que deve dizer – permitindo que os outros intervenham e repliquem –, e não se deve tentar formular tudo de uma vez, o que transformaria seu discurso em um monólogo.

5.8 A competência plurilíngue

Nos últimos anos, o conceito de plurilinguismo – com relações de analogia, mas não de identidade com o de multilinguismo – foi adquirindo importância na aprendizagem das línguas, segundo o enfoque do Conselho da Europa, que reproduzimos quase literalmente neste tópico.

O multilinguismo é o conhecimento de várias línguas ou a coexistência de diferentes línguas em uma sociedade determinada. Pode ser obtido simplesmente diversificando as línguas oferecidas em uma escola ou em um sistema educacional específico, procurando fazer com que os alunos aprendam mais de um idioma estrangeiro etc. É a prática adotada atualmente por vários colégios particulares e públicos.

O enfoque plurilíngue, segundo o Conselho da Europa, implica que, conforme a experiência linguística de um indivíduo se expande no entorno cultural de uma língua, desde a linguagem familiar até a da sociedade em geral – e depois até as línguas de outros povos (sejam aprendidas na escola ou na universidade, ou por experiência direta) –, o indivíduo não guarda essas línguas e culturas em compartimentos mentais estritamente separados; ao contrário, desenvolve uma competência comunicativa para a qual contribuem todos os conhecimentos e as experiências linguísticas e na qual as línguas se relacionam entre si e interagem. Em situações diversas, uma pessoa pode recorrer com flexibilidade a partes diferentes dessa competência para obter uma comunicação eficaz com um interlocutor específico. Por exemplo, os interlocutores podem mudar de uma língua ou um dialeto a outro, explorando, assim, a habilidade de cada um de se expressar em uma língua e de compreender outra. Uma pessoa pode recorrer ao conhecimento de várias línguas para dar sentido a um *texto escrito ou falado*, em uma língua previamente "desconhecida", reconhecendo palavras de um fundo comum internacional que aparecem com uma forma nova. Quem tiver alguns conhecimentos, por poucos que sejam, pode utilizar essa competência para ajudar, servindo de mediador entre indivíduos que não tenham uma língua comum e careçam, portanto, da capacidade de se comunicar. Na ausência de mediador, esses indivíduos podem obter algum grau de comunicação lançando mão de toda sua bagagem linguística, da experimentação com formas alternativas de expressão em línguas e dialetos diferentes, da utilização de recursos paralinguísticos (mímica, gestos, expressões faciais etc.) e da simplificação radical do uso da língua.

Sob essa perspectiva, a finalidade da educação em uma língua fica profundamente modificada. Já não é contemplada como a simples consecução do "domínio" de uma ou duas – ou até três línguas –, cada uma considerada de forma isolada, com o "falante nativo ideal" como modelo fundamental. Ao contrário, o objetivo é o desenvolvimento de um repertório linguístico no qual todas as capacidades linguísticas entrem em jogo. Isso significa, naturalmente, que as línguas oferecidas nas instituições educacionais devem ser diversificadas e que os alunos devem ter a possibilidade de desenvolver uma competência plurilíngue. Além disso, uma vez reconhecida a aprendizagem de idiomas como uma tarefa que dura a vida toda, adquire uma especial importância o desenvolvimento da motivação, da destreza e da confiança de um jovem para enfrentar uma nova experiência linguística fora da escola. As responsabilidades das autoridades educacionais, das instituições examinadoras e dos professores não podem se limitar à consecução de um nível específico de domínio de uma determinada língua em um momento determinado.

As consequências profundas dessa mudança de paradigma precisam ser calculadas ainda e traduzidas à ação. O recente desenvolvimento de programas do Conselho da Europa no âmbito da língua se deu com a finalidade de produzir ferramentas que todas as pessoas implicadas no ensino de idiomas possam utilizar para o incentivo ao plurilinguismo. Especificamente, o *European Language Portfolio* (ELP) proporciona um formato no qual é possível registrar e reconhecer formalmente a aprendizagem de idiomas e as experiências interculturais de diversos tipos. Com essa finalidade, o *Marco de Referência* não só proporciona um escalonamento do domínio geral de uma língua determinada, como também uma divisão do uso da língua e das competências linguísticas, que facilita aos profissionais a especificação de objetivos e a descrição do aproveitamento de diversas formas segundo as necessidades, as características e os recursos dos alunos – que têm um caráter variável.

5.9 Competências, habilidades, avaliação

O professor deverá adequar os conteúdos normativos, as estratégias de ensino e aprendizagem e os materiais curriculares às condições da aprendizagem, atendendo às diversas peculiaridades do grupo. É conveniente situar o aluno na sequência de aprendizagem adequada a sua capacidade e orientá-lo sobre o itinerário e o método que se julgar mais conveniente. Mediante os trabalhos diários realizados em classe, o professor deverá verificar os avanços, os resultados, a maturidade e o grau de aquisição das capacidades que os estudantes vão adquirindo, bem como as dificuldades encontradas no processo de aprendizagem e analisar suas causas.

Esse tipo de informação será oferecido aos alunos e se referirá não só aos resultados obtidos em um período de tempo determinado, mas também ao processo seguido por cada estudante em relação a seu ponto de partida e aos objetivos propostos. É importante que os alunos recebam essa informação e conheçam os critérios de avaliação determinados na escola.

Destacadas correntes psicopedagógicas e a experiência demonstraram que o ensino-aprendizagem do fato linguístico e literário deve gravitar sobre dois polos: o operativo e o interpretativo, as atividades de recepção e produção de textos e a reflexão sobre elas, a participação – como emissores e receptores – em diversas situações de comunicação e sua análise e conceitualização. A dinâmica desse processo é determinada por um contínuo ir e vir do uso da reflexão, que tornará possível a aquisição das destrezas desejadas. Nessa dinâmica, o professor e o grupo de alunos podem elaborar, de forma conjunta, atividades que permitam conhecer os grandes movimentos estéticos e as obras literárias mais significativas; relacionar e explicar as conexões formais e temáticas entre as obras de diferentes países; descobrir a presença de temas e motivos recorrentes ao longo da história literária; abordar o discurso literário em sua dimensão contextual; utilizar de forma crítica as fontes bibliográficas etc.

Nesse contexto comunicativo em que a sala de aula deve se transformar, a mensagem unidirecional do professor deve ser substituída por um modo plural de relação (alunos-alunos, alunos-professor, professor-alunos), e o caráter preferencialmente informativo das mensagens do professor deve ser enriquecido com as funções de assessoria, motivação, orientação e apoio afetivo.

Tudo isso será irrealizável se faltar a motivação em sala de aula. No caso das mensagens linguístico-literárias, essa motivação não pode consistir em uma utilidade imediata. Deve partir da produção de gratificações pessoais e sociais e da consideração de que essa matéria, ao mesmo tempo que contribui para a formação individual, pode incentivar a liberdade, a dignidade, o compromisso e a solidariedade social e, de um ponto de vista estritamente disciplinar, melhorar ou reforçar os usos da linguagem e os critérios estéticos. Devemos, portanto, enfatizar, em um primeiro momento, os assuntos mais adequados aos interesses dos alunos, avaliar as diferenças dos leitores (individuais, sociais etc.) e conseguir que a leitura, análise, debate e avaliação sejam de textos muito significativos.

Na elaboração das atividades, é necessário atender aos princípios da aprendizagem significativa. A seleção e o sequenciamento dos conteúdos deverão ser feitos tanto do ponto de vista da estrutura lógica da matéria quanto da psicologia dos estudantes. Por isso, será preciso recorrer a determinadas estratégias didáticas (do conhecido ao desconhecido, do genérico ao específico, do concreto ao abstrato), escolher conteúdos potencialmente relevantes e promover atitudes favoráveis às novas aprendizagens.

No nível superior dessa etapa educacional, é conveniente combinar os métodos expositivos com os de pesquisa e indagação. Os primeiros são especialmente adequados às proposições introdutórias de épocas ou movimentos literários, em visões panorâmicas e em discussões. Os segundos são mais recomendáveis para a aprendizagem de procedimentos: pesquisa bibliográfica, realização de trabalhos de pesquisa etc.

É conveniente observar e anotar tanto o trabalho individual quanto o de equipe, bem como as atividades realizadas fora da sala de aula: na escola (trabalho na biblioteca, seminários, participação em atividades etc.) e fora dela (trabalho em bibliotecas do município, atividades culturais etc.).

De tudo o que foi exposto anteriormente, os *trabalhos de classe* constituem a fonte de informação mais importante sobre o processo de ensino e aprendizagem seguido por cada estudante. Neles aparecem exercícios, resumos, esquemas, comentários, pesquisas e se manifesta, implícita ou explicitamente, o grau de consecução dos objetivos traçados. O caderno de classe pode ser um reflexo de aspectos importantes da atividade didática desenvolvida em sala de aula. Nesse sentido, não só proporciona indicadores das capacidades que estão sendo postas em prática, como também fornece ao professor instrumentos de reflexão para a melhora da programação.

Junto com o caderno de classe, é importante que os alunos elaborem fichas das leituras obrigatórias e se apoiem nos instrumentos proporcionados pelas novas tecnologias. Para isso, precisarão conhecer, a propósito de cada atividade, aspectos como os seguintes: objetivos específicos que se pretendem alcançar com essa tarefa; sentido da atividade face à obtenção de uma capacidade mais ou menos complexa; lugar que a tarefa ocupa no mapa global da matéria; critérios de avaliação que podem ser adotados etc.

Entre os critérios estabelecidos pelo Real Decreto 1513/2006 (BOE, 8 de dezembro de 2006) para avaliar o grau de aquisição de competências básicas, destacamos no primeiro ciclo da área de Língua e Literatura maternas, e na co-oficial, se houver, os seguintes:

- participar de situações de comunicação;
- expressar-se de forma oral mediante textos;
- captar o sentido global de textos orais;
- localizar informação específica e fazer inferências diretas na leitura de textos;
- relacionar os textos com as vivências;
- redigir e reescrever textos relacionados com suas vivências;
- conhecer textos literários de tradição oral e formas narrativas e poéticas simples;
- identificar algumas mudanças produzidas nas palavras;
- compreender e utilizar a terminologia linguística elementar.

Atendendo a esses critérios, trata-se de avaliar respectivamente as seguintes capacidades:

- intervir nas diversas situações de intercâmbio oral;
- expressar-se de forma clara, segundo as situações de comunicação;
- compreender textos orais tanto da sala de aula quanto do entorno;
- detectar e entender informações e ideias relevantes dos textos;
- relacionar as próprias vivências com a informação dos textos;
- adquirir o código escrito;
- desenvolver o hábito de ouvir e desfrutar dos textos;
- observar e reconhecer os efeitos produzidos pelas mudanças (de ordem, supressão, inserção etc.) introduzidas nos textos.
- ser capaz de utilizar a terminologia linguística elementar.

Na Língua e Literatura maternas – e na cooficial, se houver – do segundo ciclo, os alunos deverão adquirir as seguintes competências:

- participar de situações de comunicação da sala de aula;
- expressar-se de forma oral mediante textos;
- captar o sentido de textos orais de uso habitual;
- localizar e recuperar informação explícita e realizar inferências diretas na leitura de textos;
- interpretar e integrar as ideias próprias com a informação contida nos textos;
- redigir, escrever e resumir diferentes textos significativos de situações cotidianas e escolares;
- conhecer textos literários de tradição oral e escrita, adaptados ao nível;
- usar a biblioteca;
- identificar algumas mudanças produzidas nas palavras, nos enunciados e nos textos;
- compreender e utilizar a terminologia linguística própria do ciclo.

Atendendo a essas competências, serão avaliadas, respectivamente, as seguintes habilidades:

- intervir em diversas situações de intercâmbio oral;
- expressar-se de forma coerente em diversas situações;
- obter, selecionar e relacionar a informação;
- detectar e entender informação ou ideias relevantes explícitas nos textos;
- estabelecer conexões entre as ideias e a informação do texto;
- redigir textos sobre as relações interpessoais em sala de aula, bem como sobre os meios de comunicação social, referentes a sua experiência;

- usufruir de textos adequados para sua idade e ciclo;
- participar de atividades de leitura etc.;
- observar e reconhecer os efeitos que a inserção, segmentação e recomposição produzem nos textos e enunciados.
- adquirir os conhecimentos linguísticos básicos e a terminologia apropriada.

Esses mesmos critérios serão aplicados às competências e à avaliação das habilidades do terceiro ciclo, adaptando-as às peculiaridades do nível (Cabrerizo, Rubio, Castillo, 2007: 266-269).

Por sua vez, o Real Decreto 1631/2006, de 29 de dezembro, estabelece os critérios de avaliação da Educação Secundária Obrigatória e expõe as competências e os critérios de avaliação dos quatro anos, de forma pormenorizada. Remetemos a sua leitura, mas interessa-nos ressaltar alguns aspectos. O texto – oral e escrito – continua sendo considerado o principal instrumento de trabalho. No primeiro ano, atende-se ao reconhecimento da ideia central dos textos, à identificação das informações e ao propósito deles, a narrar, expor e resumir em suporte papel ou digital, a fazer narrações orais claras e estruturadas, à exposição sobre a leitura pessoal, à compreensão e análise de textos; à composição de textos, às competências de narração e exposição – orais e escritas –; à aplicação de seus conhecimentos linguísticos e literários, bem como à terminologia linguística em atividades de reflexão sobre o uso. Na avaliação das habilidades, verificar-se-á a capacidade de parafrasear ou expressar oralmente ou por escrito declarações públicas ou informações de naturezas diversas; a extração de informações específicas contidas em vários parágrafos do texto, a redação de textos com uma organização clara, a capacidade de narração com um roteiro preparado previamente; a competência de leitura no âmbito literário; a assimilação dos conhecimentos literários em função da leitura; a utilização em seus escritos – em suporte papel ou digital – dos conhecimentos literários adquiridos; a utilização dos conhecimentos sobre a língua e as normas de uso em relação à compreensão, à composição e à revisão de textos, e a compreensão da terminologia básica gramatical e linguística.

No segundo ano, insiste-se no reconhecimento do propósito e ideia central do texto, na extração de informações, na narração e exposição em suporte papel ou digital, nas exposições orais de temas próximos e de uma obra completa, na utilização dos conhecimentos literários para a compreensão e a análise de textos, na composição de textos em suporte papel ou digital, na aplicação e conhecimento da terminologia linguística, na aplicação dos conhecimentos linguísticos para resolver problemas de compreensão de textos orais e escritos etc. Atendendo a esses critérios, será avaliada a retenção de ideias, fatos e dados significativos; a extração de informações; a redação e a apresentação clara e organizada dos textos; a competência de leitura; a assimilação dos conhecimentos literários em função da leitura; a apresentação em suporte digital ou escrito dos conhecimentos literários adquiridos; a utilização correta da língua e o acompanhamento das normas de uso; o conhecimento da terminologia adequada, a compreensão do fenômeno literário como uma atividade comunicativa etc.

No terceiro ano, destacam-se o entendimento das normas, a extração de ideias gerais e informações específicas de reportagens e entrevistas, as apresentações de temas relacionados a assuntos acadêmicos e seu registro na forma de esquema e resumo. Com esse critério, verificar-se-á se os alunos são capazes de reproduzir normas e instruções recebidas oralmente, de dar conta de fatos relevantes de uma entrevista ou reportagem gráfica, radiofônica ou televisiva, de registrar na forma de esquema e resumo o tema geral e as partes de uma exposição oral.

No quarto ano, recomenda-se a extração das ideias principais de uma conferência e a identificação do propósito, da tese e dos argumentos; a identificação e o contraste em textos escritos no âmbito público e nos meios de comunicação; a exposição, a explicação e a argumentação de ideias em suporte papel ou digital, seguindo o registro adequado para seu nível; as apresentações claras e estruturadas; a exposição baseada na leitura de romances desde o século XIX até a atualidade, bem como a explicação das relações entre o contexto social e esses textos contemporâneos e seus autores; o conhecimento e a utilização da terminologia adequada na reflexão sobre o uso. Atendendo a esses critérios, verificar-se-á se os alunos são capazes de elaborar esquemas e resumos de exposições orais; se identificam o ato de fala e o propósito comunicativo nos textos mais habituais no âmbito social, se redigem os textos com uma organização clara e bem articulada, se são capazes de realizar exposições sobre um tema com a ajuda de anotações. Analisar-se-á, ainda, a sua competência de leitura das obras citadas (do século XIX à atualidade); a assimilação dos conhecimentos literários em função da leitura; a compreensão do fenômeno literário como uma atividade comunicativa estética em um contexto histórico determinado; a utilização dos conhecimentos sobre a língua e as normas de uso em relação à compreensão e à composição de textos e, por último, o conhecimento e a assimilação da terminologia adquirida tanto no ano presente quanto nos anteriores.

Capítulo 6
Competência comunicativa nas TICs

Pedro García González

6.1 As TICs, expansão memética do cérebro humano: nova consciência educacional

As pesquisas neurocientíficas mostram que não há fronteira entre o cérebro e o mundo físico, nem entre o cérebro e o mundo virtual. Os neurônios são ativados quando nossas mãos estão se aproximando dos objetos, mas também quando o objeto não está ao alcance das mãos e utilizamos instrumentos para pegá-los. O cérebro das novas gerações é ativado e se expande, por meio das TICs, no ciberespaço mental que chamamos de "internet" (Frith, 2008).

Na realidade educacional atual, tanto o cérebro do docente quanto o do discente estão expandidos, transcendidos, e os objetos, os conteúdos e as matérias de aprendizagem, embora ainda se apresentem por meio de livros, já não estão nos livros, nem sequer em uma única disciplina, e sim além de todas as disciplinas e suportes midiáticos, *on-line*, e ambos estão abordando a complexidade e a transdisciplinaridade como modo de apreender todos os níveis dessa realidade da vida. A realidade educacional atual no âmbito da Tecnologia da Informação e da Comunicação (Marqués, 2000, rev. 2008) é uma ecologia de saberes (Moraes, 2008), que nos transcende e nos revela que somos transcendentes. A competência comunicativa é, também, pela primeira vez na humanidade, competência transcendente.

A atividade comunicativa no ciberespaço se apresenta para todos os seres humanos e em todas as linguagens possíveis motivo, pelo qual a comunicação oral e escrita se integra de um modo novo. Hoje, cumpre-se o postulado de McLuhan: "o meio é a mensagem". No mesmo instante, o meio e a mensagem, por meio da aprendizagem que os antigos professores chamavam de "imitação" e os cientistas hoje chamam de *memetics*, integram-se em uma atividade cerebral metaliguística complexa chamada "metacomunicação"[1]. Não só imitamos gestos, como também objetivos, finalidades dos outros; por isso, podemos corrigir ambiguidade e incerteza dos atos humanos porque sabemos dizer de antemão qual é o objetivo mais provável. Por isso, podemos imitar o mundo mental e emocional privado dos outros por empatia. Essa ação comunicativa não segue modelos lineares ou narrativos como os literários, e sim modelos criativos que combinam todos os elementos de comunicação possíveis para viver de imediato uma experiência nova de conhecimento, ao mesmo tempo científico, humanístico, artístico e cultural. A competência comunicativa assume a finalidade que se atribuía à obra de arte: a midiatização do imediato produz um novo imediatismo.

A primeira implicação do professor consiste em tomar consciência dessa expansão cerebral do conhecimento e aprender a viver nesse novo âmbito educacional. A segunda consiste em desaprender o modelo de comunicação culturalmente egocêntrico e empreender um caminho de aprendizagem no nível de realidade dos alunos, com um cenário comum real, isto é, transdisciplinar. A terceira implicação consiste em recuperar o modelo comunicativo originário do teatro grego, contemplar (*theorein*) os alunos em sua nova atividade comunicativa e valorizar suas buscas e suas complexas ações construídas com todos os recursos possíveis, pois a maioria das aprendizagens das novas gerações precisa ser realizada sem um professor que os dirija pelo método rigorista ou seguro, mas diante de um professor que acredite, que tenha fé neles, que interiorize as que estão aprendendo e que lhes devolva o valor de suas aprendizagens. Os neurocientistas nos dizem, atualmente, que o cérebro tem um processo autônomo, o dopaminérgico, que dá valor às aprendizagens associativas relevantes e constrói um mapa indicador das ações de valor elevado passíveis de sucesso e das ações de valor inferior passíveis de fracasso. Desse modo, o cérebro aprende a atribuir um valor a todos os acontecimentos, objetos e lugares que nos cercam. Por outro lado, nosso cérebro constrói modelos do mundo e os modifica constantemente a partir dos sinais que chegam a nossos sentidos, mudando o sistema de previsão, isto é, o sistema de crenças a partir do dado novo que a realidade nos transmite em todos os níveis. O professor tem consciência desse processo de seus alunos e age em aliança com ele, já não como um reforçador ou controlador externo, porque, afinal, é o aluno quem deve exercer o controle de seu projeto educacional (Frith, 2008).

---

1 Dawkins, R. <www.richarddawkins.net>; Blackmore, S. <ww.susanblackmore.co.uk>.

Proposta de atividades para a compreensão da expansão do cérebro

As atividades docentes de comunicação linguística que os alunos devem realizar para desenvolver essa competência seriam todas aquelas que expandem seu cérebro, que conectam sua mente não com a do professor, mas sim com a realidade do conhecimento que está além de ambos.

Essas atividades evitarão a realização de produtos heterônomos, como estudar só para a prova, resumir para que o professor aprove etc., e construirão produtos autônomos nos quais se resolva um grande número de problemas com todo tipo de recursos que têm valor por si mesmos, não pela mecânica rotineira da explicação, dos estudos e da prova.

As atividades terão um roteiro que explicitará o objetivo que se quer atingir, os níveis de realidade que se quer alcançar e os meios e os graus de liberdade que o aluno vai se dar para desviar-se da busca traçada e fazer outras novas quando for necessário.

Uma das primeiras atividades que pode realizar para compreender a expansão da mente é a utilização do que se chama de "aprendizagens visuais", isto é, todo tipo de representação visual do próprio conhecimento, seja em árvore de representação, seja em esquemas, seja em mapas conceituais.

O mais acessível e fácil é o programa "Inspiration". Um sistema simples para representar as conexões de nossos conceitos, que, por sua vez, podem ser substituídos por imagens e que permite criar *hiperlinks* em cada conceito[2].

6.2 A competência comunicativa nas TICs transforma as disciplinas em linguagens

Nas TICs, todas as disciplinas do sistema educacional já são convertidas em linguagens acessíveis, que apresentam muitos modos de abordagem, utilizando desde as operações mentais concretas até as mais abstratas, de modo que já não é possível a divisão concreto/abstrato, ciências/letras, nem a

---

2 <www.inspiration.com>; <http://cf.inspiration.com/espanol/>.

separação/discriminação das disciplinas nas mentes dos alunos. A compreensão das estruturas do texto é mais benfeita, atualmente, por meios visuais que mediante análises sintáticas (Sancho, 2005). A transposição dos saberes já não vai do docente ao discente, e sim em todas as direções, por todos os meios e de forma imediata. Os gêneros orais sociais são transmitidos em pequenas unidades audiovisuais, em diferentes formatos que podem ser colocados no ciberespaço por qualquer pessoa e são repetidos e difundidos por meios mais globais segundo o sucesso que alcançar na comunicação. Nesse imediatismo, já não há tempo de controle consciente; a comunicação passa completamente de cérebro a cérebro e se assenta e reproduz por novos meios, constituindo um "meme", isto é, uma unidade complexa de aprendizagem por imitação (Dawkins, 1976).

O docente tomará consciência dessa realidade de aprendizagem e comprovará que seus alunos não aprendem os conteúdos porque ele os ministra, e sim que aprendem seu modo de abordar e aprender os conteúdos, o entusiasmo e a força emocional que projeta sobre aquilo que é objeto de aprendizagem. Os alunos aprenderão memeticamente a viagem da mente do professor rumo ao conhecimento que ministra, não os conteúdos. Portanto, o professor é um ator-crítico representando diante de seus alunos sua viagem cognitiva de modo que a nova situação educacional criada tem um valor superior ao da situação prévia. O professor levará em conta que sua matéria é mais uma linguagem do conhecimento humano que o aluno deverá integrar a outras linguagens para alcançar a competência comunicativa, isto é, valorizará todas as linguagens que os alunos já houverem adquirido nas TICs como verdadeiras ferramentas de conhecimento.

As ações que o professor proporá a seus alunos terão a ver com a mêmese, a aprendizagem complexa que todos os seus alunos podem adquirir de cérebro a cérebro em interação com seus colegas, pois as atividades que têm a ver com a encenação social, isto é, com a narração ou explicação diante dos outros do produto realizado e o processo ou caminho percorrido, desenvolverão muito melhor a competência de comunicação linguística.

Proposta de atividade para a compreensão das disciplinas como linguagens

A sexualidade humana é um dos conteúdos mais claramente transdisciplinares e que tanto na educação quanto na sociedade só se compreende em poucas disciplinas, como a Biologia, a Ética ou a Religião. Precisa utilizar todas as linguagens das disciplinas humanas para ser compreendida e aplicada plenamente. Uma atividade pertinente para compreender as disciplinas como linguagens da realidade sexual consiste em propor aos alunos que compartilhem o que sabem sobre a sexualidade e que disciplina acham que lhes transmitiu esse conhecimento, que disciplinas humanas sabem o que eles sabem, que disciplinas sabem muito mais que eles ignoram e que outras disciplinas conhecem a sexualidade por meio de outra linguagem que eles não conhecem e como se pode descobrir o que nos dizem. O objetivo dessa atividade é descobrir que a realidade sexual, como toda realidade humana, foi pesquisada em todas as linguagens que o conhecimento humano já desenvolveu.

Vista pela Biologia Genética, mostra-nos como os cromossomos se combinam para escolher o gênero masculino e feminino; pela Química, como o organismo vivo vai se formando. Pela Matemática, comprovamos as probabilidades de nossa existência (1/300.000), medimos a temperatura corporal, a proporção hormonal, o Ph etc. Pela Literatura, como são narradas as emoções e o amor como processo de construção da vida conjugal. Pela Moral, como, amadurecendo a sexualidade, chega-se à construção de uma família. Pela História, como se chegou à compreensão e assimilação dos direitos humanos na família, especialmente os da mulher e das crianças. Pela Religião, como se vive a transcendência na família por meio da entrega da vida e como a família expande essa transcendência para uma comunidade mais universal, na qual se completam e se vivem todos os valores do amor e da solidariedade, da entrega ao outro, da geração de formas de vida de entrega, altruísmo, comunidades dedicadas preferencialmente a entregar a vida. Pela Educação Física compreendemos o valor do corpo como linguagem da sexualidade. Pela equação plástica reconhecemos a estética corporal e de nossas roupas e acessórios como sinal de cuidado e cultura da sexualidade educada e transformada. Pela Educação, como o fato de cuidarmos e formarmos a dimensão sexual da pessoa em todos os saberes e valores humanos nos torna pessoas harmoniosas e serenas (Punset, 2007).

6.3 A competência comunicativa nas TICs é multilinguística

A competência de comunicação nas TICs tem a ver com a capacidade de ler e editar conteúdos multilinguísticos na Rede, com novos gêneros literários, multimídia, vídeos, DVD, mp3, integrando todos os canais e suportes possíveis (Sevillano, 2008).

O multilinguismo é um fato que devemos enfrentar nas TICs, pois a informação é dada ao aluno em diversos idiomas. As ferramentas de idiomas estão cada vez mais desenvolvidas, como, por exemplo, as ferramentas de idiomas do Google, que conseguem traduzir sequencialmente, com fórmulas de previsão matemática, e transculturalmente, visto que a maior parte das obras escritas em todas as línguas foi digitalizada, inclusive em convênio com bibliotecas de universidades, como a Complutense, e foi criada uma base de dados completíssima com a qual o sistema de tradução busca sequencialmente[3] a oração mais parecida com o idioma histórico.

O professor se envolverá na prática das ferramentas de idioma como fazem seus alunos, com tudo o que acarreta de insegurança e indeterminação, mas, por sua vez, com o que representa de amplitude do campo de visão e compreensão da realidade.

As atividades em que devem ser empregados vários idiomas não são mais uma responsabilidade das escolas com bilinguismo, e sim de toda atividade educacional.

Proposta de atividades para a compreensão da realidade multilinguística

Uma atividade interessante para compreender que a competência comunicativa nas TICs é multilinguística consiste em explorar o "Human and Machine Cognition" da Florida University System, que criou um gerador de

3 O sistema de previsão baseado na sequência lógica das palavras na oração de cada idioma só busca as palavras que aparecerem unidas sequencialmente. Por exemplo: "Em+um+lugar+de+la+mancha+de+cujo+...". Cada palavra nova que se acrescenta exclui outras buscas e vai tornando o texto mais preciso; até mesmo prevê que a palavra seguinte será *nome*. Essa previsão é comparada e classificada em sua base de dados com a de outro idioma e reúne sua melhor tradução sequencial.

mapas conceituais para ser compartilhado em todo o mundo[4]. Além disso, criou um "World Wide Maps", que não só propõe as disciplinas como linguagens, como também traz os mapas conceituais estruturados de tal modo que cada conceito e suas relações seja multilinguístico, exposto pelo menos em quatro línguas simultaneamente[5]. Além disso, é possível entrar em uma comunidade de intercâmbio e participar dela[6].

Outro modelo para compreender a competência comunicativa multilinguística pode ser encontrado no Portal Explorelearning[7]; existem, também, *sites* dedicados ao desenvolvimento multilinguístico em si mesmo[8].

6.4 A competência comunicativa nas TICs como método transdisciplinar e ecossistêmico

A competência de comunicação exige de todos um procedimento inovador, uma metodologia de busca e descoberta flexível, criativa, adaptada às demandas e aos interesses, como uma viagem exploratória, heurística, uma "rota de *links*", como conjunto de pontos de informação que conectam posições distantes, um *path analysis* ou um "roteiro". Este serve para organizar as tarefas com relação ao tempo e espaço, voltados para os objetivos para não perder de vista a meta pretendida, para abordar, buscar e selecionar a informação, decidindo os itinerários por meio dos *hiperlinks*, organizar em pastas e guardar a informação na memória do próprio servidor ou em um servidor da internet, que se transformará na expansão do próprio cérebro (Torre, 2008).

Essa metodologia de busca já se encontra no que se chama de *WebQuests*"[9], construídas com base em perguntas heurísticas propostas para averiguar o

---

4 <http://www.ihmc.us/>; <http://cmap.ihrnc.us/download/>.

5 <http://www.2wmaps.com/web_maps/Project_WWMAPS.html>.

6 <http://www.2wmaps.com/web_maps/WWMAPS_COMMUNITY.html>; <http://www.2wmaps.com/public/partecipa.htm>.

7 <http://www.explorelearning.com/>; <http://www.visionlearning.com/library/>.

8 <www.shadocms.com>.

9 <http://www.eduteka.org/ProyectosWebquest.php>.

quê e como ocorre, visto que o sujeito do conhecimento e o conhecido podem passar por mudanças, motivo pelo qual é necessária a mútua implicação, a decisão, a resolução e a elaboração de um produto cujo processo tenha previsto os passos que devem ser seguidos e proporcione os recursos necessários. A busca é gerada sempre por uma pergunta. A pergunta organiza a busca. A resposta à pergunta está na elaboração de um produto que os outros também poderão ver, pois será compartilhado[10].

A maioria dos cibernautas pede os recursos do *Site* Semântico, desenvolvido por Timothy John Berners-Lee, baseado na incorporação de metadados semânticos – informações adicionais de conteúdo, significado e relações – à *World Wide Web*, para dar precisão às buscas e poupar dispersão de conhecimento[11]. O *site* semântico é um novo modelo educacional (EML –, *Educational Modeling Language*), no qual as pessoas que dele participam têm consciência de que representam um "papel" dentro do processo ensino-aprendizagem, trabalham para alcançar "objetivos", realizam atividades de "aprendizagem" dentro de um "entorno virtual", no qual todos compartilham "objetos ou conteúdos de aprendizagem" e "serviços" ou responsabilidades implícitas, determinados pelo método do formato da aprendizagem. O *site* é o âmbito em que docente e discente se comunicam, se divertem, aprendem e vivem. No *site* semântico, cada um traz suas próprias mudanças percebidas quando a interação comunicativa é mais efetiva, eficiente, flexível, atrativa.

O método transdisciplinar do *site* semântico serve para estruturar e integrar o trabalho realizado tanto pelo docente quanto pelo discente, considerados como agentes de uma tarefa compartilhada em um novo modelo de ensino-aprendizagem que se adapte a diferentes contextos virtuais, selecione recursos segundo o perfil de cada um, interpretando suas características para ir formando uma verdadeira ecologia de saberes (Moraes, 2008).

Propostas de atividades para trabalhar no *site* a metodologia transdisciplinar mediante buscas heurísticas

Os alunos começarão treinando as buscas no Google, treinando buscas primeiramente genéricas, depois restringindo-as por meio de "aspas", indicando o

---

10 <http://www.boulesis.com/didactica/webquests/>.

11 <http://dig.csail.mit.edu/breadcrumbs/blog/4/>.

suporte – .pdf, .doc, .lit, .pps, .ppt, .xls etc. – em que querem ler os documentos, acrescentando outras buscas restritivas, mencionando cidades onde estão situadas as pesquisas, termos no idioma em que podem estar escritos, autores relevantes, títulos de obras, isto é, incorporando os primeiros "metadados".

Depois, os alunos avançarão na iniciação às *WebQuests*, entrando nelas, tornando-se usuários, para ter a própria senha de acesso e permissões para interagir. Em especial, participarão de um dos *sites* semânticos que já estão incorporados à internet[12] e, principalmente, é conveniente conhecer os conceitos e as chaves do *site* semântico[13]. A maioria das páginas do *site* semântico tem instruções para cada passo, de modo que se aprende de duas maneiras: seguindo as instruções ou, como fazem os adolescentes, por ensaio e erro, ou as duas ao mesmo tempo, pois, quando os alunos virem que cometem muitos erros, tentarão seguir as instruções.

6.5 A competência comunicativa nas TICs como ferramenta da mente e da consciência de toda a humanidade

As TICs configuram-se como excelentes ferramentas cooperativas para desenvolver uma mente e uma consciência comum. Uma delas é a BSCW, *Basic Support for Cooperative Work* (Suporte Básico para o Trabalho Cooperativo)[14]. É um espaço de trabalho compartilhado, uma aplicação geral que pode ser usada para armazenar documentos (ou outros objetos) que tratem sobre um projeto comum ou sobre um grupo de trabalho em equipe. Por meio dessa tecnologia, as pessoas se comunicam e cooperam ao mesmo tempo estando em pontos diferentes e distantes, o que faz com que se deem as condições ideais para construir espaços virtuais, constituindo os chamados de "armazéns de informação", onde se deposita qualquer informação com a intenção de desenvolver corretamente um trabalho em equipe. O

---

12 <http://www.ariadne-eu.org/>; <http://ltsc.ieee.org/wg12/>; <http://www.adlnet.gov/scorm/index.aspx>; <http://dublincore.org/>.

13 As RDF: <http://www.w3.org/RDF/>; as XML: <http://www.xm1.org/>; as ontologias, as OWL: <http://www.w3.org/TR/owl-features/>; as anotações semânticas: <ttp://roda.ibit.org/>; <http://www.w3.org/2001/Annotea/>; <ttp://www.w3.org/>.

14 <http://www.bscw.de/>.

BSCW é distribuído pela OrbiTeam GmbH, Sankt Augustin, Alemanha. Com esse sistema, o professor e os alunos podem ter um âmbito comum de participação, mas, além disso, todos podem ver o itinerário que cada um seguiu para ler e sugerir mudanças nos documentos dos outros.

Outra ferramenta das TICs que permite plasmar integralmente a organização da mente é o mapa conceitual, que foi desenvolvido por Joseph D. Novak, da Universidade de Cornell, em 1960, baseando-se nas teorias de David Ausubel sobre a aprendizagem significativa, e foi desenvolvido tecnologicamente como uma *mindtool* pelo Institut for Human and Machine Cognition, da Florida University System, para compartilhar conhecimentos com toda a humanidade[15]. O sistema foi construído de tal modo que todos os mapas conceituais criados passam a pertencer a todos os assinantes em todo o mundo, e todos podem acessar os mapas conceituais de todos, inclusive corrigi-los e acrescentar novos conhecimentos.

O Mindomo[16] e o Freemind[17] são outros sistemas criadores de mapas mentais.

Essa realidade é totalmente nova na evolução humana. Todas essas tecnologias desenvolvem uma nova mente e uma nova consciência. A mente conhece antes de termos consciência (Frith, 2008). O cérebro muda a si mesmo (Doidge, 2007). Muda sua estrutura e função por meio da atividade e do pensamento (Doman G)[18]. Mediante a aprendizagem associativa de experiências positivas, o cérebro constrói um mapa do mundo. Trata-se, basicamente, de um mapa de valores. Mediante a aprendizagem associativa, o cérebro descobre as coisas valiosas do mundo e quais ações devemos realizar para consegui-las.

Esse mapa de valores representa nosso sistema de crenças, nossa consciência construída com base nas experiências cotidianas positivas bem resolvidas e outros problemas mais complexos controlados positivamente. Esse sistema de crenças que prediz nossa confiança na resolução dos problemas e relações cotidianas e dos problemas e relações imprevisíveis precisa ser mudado e muda quando a realidade não é o que o processo da informação previa. A consciência sobre "A" tem um dado novo e é necessário mudar a crença ou a consciência de "A". Thomas Bayes (1702-1761), teólogo anglicano e matemático, construiu um teorema que mostra em que medida se deve

15 <http://www.ihmc.us/>; <http://cmap.ihmc.us/download/>.

16 <http://www.mindomo.com/>.

17 <http://freemind.softonic.com/>.

18 <www.iahp.org>.

mudar a crença sobre "A", considerando o novo dado "X", construindo a subsequente, ou posterior, crença ou consciência sobre "A", depois de levar em conta o novo dado. O cérebro, a mente, dá as boas-vindas a esses erros, pois o ensina a perceber melhor, tomar uma nova consciência. A existência de erros comunica ao cérebro que seu modelo de mundo não é bom o bastante. A percepção não é o mundo, e sim o modelo criado pelo cérebro, a mente. O mapa não é o território, dizia Comenius (1670). A realidade o obriga a mudar, a tomar nova consciência dela.

Pois bem, a realidade virtual das TICs provoca no docente e no discente uma contínua mudança na tomada de consciência e uma abertura a novas aprendizagens compartilhadas e à descoberta de todos os níveis que a realidade lhes revela. A competência comunicativa cumpre, assim, sua mais verdadeira função.

Propostas de atividades para trabalhar mapas conceituais e inteligência cooperativa

O professor, com seus alunos, pode trabalhar interativamente, pois pode criar um servidor comum e todos podem acessá-lo. A competência comunicativa se desenvolve porque é possível modificar o mapa conceitual que os outros elaboraram e se pode mandar um aviso de mudança, e o mesmo mapa conceitual pode ser complementado fazendo um *link* ou *hiperlink* em um conceito que seja derivado a um endereço que conduza a um mapa criado por outra pessoa.

Os alunos, em primeiro lugar, aprenderão a construir conteúdos com *hiperlinks* feitos no *Microsoft Word*, em .ppt ou no *Microsoft Excel*. No *Excel* ou no *Microsoft Power Point*, especialmente, aprenderão a fazer esquemas simplesmente clicando em Inserir/diagramas sobre cada quadrado e, depois de inserido, com o botão direito do *mouse* selecionar se quer acrescentar um conceito subordinado, um conceito companheiro ou de ajuda.

A seguir, pode entrar com a ferramenta "cmaptools", depois de instalada[19], e solicitar incorporar-se ao projeto, fornecendo rigorosamente os dados reais. Um tutorial em espanhol ensinará como fazer um mapa conceitual simples e disponibilizará as ferramentas para baixar outros mapas concei-

19 <http://cmap.ihmc.us/download/>.

tuais ou acessar todos os mapas conceituais que estão sendo criados no mundo com essa ferramenta.

Para o desenvolvimento da competência em comunicação linguística no trabalho cooperativo com as WSCV, o professor pode seguir os manuais mais acessíveis que Blanco Suárez nos fornece em seu *site*-tese como resumo de outros autores[20].

6.6 A competência comunicativa nas TICs como ferramenta de educação diferencial e atividades educacionais acessíveis a todos

A competência comunicativa nas TICs obriga à aproximação das operações mentais de docentes e discente, isto é, a sua aprendizagem significativa, e a desenvolve de um modo excelente em alguns projetos que cabe destacar.

Um deles é o realizado pela Universidade de Barcelona, por meio da Omnis Célula, em seu projeto Digital-text[21]. Por outro lado, a empresa Intel, por meio de aprendizagens visuais, desenvolve ferramentas de pensamento visual, por exemplo, a ferramenta "Classificação Visual"[22]. A Intel também desenvolve a busca de raciocínios por meio de um mapa de causas-efeitos[23] e também a ferramenta para desenvolver a argumentação e demonstração, "Buscando Evidências"[24]. A fundação Germán Sánchez Ruipérez criou o Centro Internacional de Tecnologias Avançadas (Cita)[25]. É interessante o portal dedicado ao desenvolvimento da leitura[26].

---

20 <http://users.servicios.retecal.es/sblanco2/html/manual_de_uso.htm>; <http://users.servicios.retecal.es/sblanco2/html/2_2_espacios_de_trabajo.htm>.

21 <http://users.servicios.retecal.es/sblanco2/html/manual_de_uso.htm>; <http://users.servicios.retecal.es/sblanco2/html/2_2_espacios_de_trabajo.htm>.

22 <http://www.digital-text.com/>.

23 <http://educate.intel.com/cr/ThinkingTools/SeeingReason.

24 <http://educate.intel.com/workspace/tryit/SEtryit.aspx?LID=cr>.

25 <http://educate.intel. com/workspace/tryit/SEtryit.aspx?LID=cr>.

26 <http://www.sol-e.com/>.

Além disso, muitas outras empresas, como a Microsoft, estão desenvolvendo edições digitais de livros eletrônicos (.lit .pdf etc.), permitindo ler, buscar palavras e acessar diretamente, a partir de cada palavra, dicionários em todos os idiomas. Inclusive, vem acompanhado de um sistema de reprodução da leitura em inglês[27]. Equipes internacionais de professores e outros profissionais estão condensando volumosas bibliotecas com muitos livros eletrônicos, antigos e atuais, acessíveis a muitas pessoas, incorporados por "temática" em todas as formas de saber possíveis, em todos os âmbitos, como músicas do mundo, revistas, quadrinhos e livros em diversos idiomas[28], ou uma coleção de autores clássicos no próprio idioma[29]. Além disso, há os recursos institucionais fáceis de encontrar em um buscador. No final do capítulo, encontram-se os *sites* de referências.

O sistema YouTube também é um depósito audiovisual; nele os alunos procuram modelos de uma excelente comunicação educacional[30]. O YouTube também pode ser um excelente instrumento de comunicação linguístico-memética. De fato, os jovens vêm todo tipo de videoclips e ensaiam e imitam diante da câmera canções, danças, discursos, relatos etc., que depois disponibilizam para que outros vejam.

6.7 A competência comunicativa nas TICs como ferramenta de protagonismo, criatividade e participação total

Não basta ter acesso a todos os *sites* e recursos da internet; é necessário que os alunos não sejam apenas sujeitos passivos, e sim que construam produtos culturais na internet, não só de forma escrita como também em linguagem multimídia.

O modo mais acessível para todos os alunos é o *blog*. Em apenas três passos qualquer aluno pode construir seu *blog* criando uma conta de *e-mail*,

---

27 <http://www.microsoft.com/reader/es/default.mspx>.

28 <http://www.bibliotheka.org>.

29 <http://www.pdfbooks.co.za/library/>.

30 Por exemplo, observe a perfeita explicação do que é um termo em Álgebra: <http://www.youtube.com/watch?v=pMQwRgsJ8IQ&feature=related> e o que é uma equação: <http://www.youtube.com/watch?v=NDEwNJ7MOeY>.

dando um nome ao *blog* e escolhendo um modelo para desenvolvê-lo[31]. Muitos professores também constroem *blogs* para se comunicar com os alunos de sua matéria e oferecer-lhes recursos adicionais e comentários sobre leituras, relatos curtos, ou tudo aquilo que podem buscar ou encontrar na internet. As novas gerações usam os *blogs* com normas que eles mesmos vão criando e comunidades alternativas como o Orkut, o Facebook, o MySpace, o Tuenti.

Por outro lado, estão sendo desenvolvidos valiosos instrumentos para editar de forma cooperativa, como o http://issuu.com/, e o http://Snips.com.

Não há uma norma superior que diga como se deve fazer. Cada pessoa incorpora os elementos de multimídia, com as ferramentas que sua nova mente precisa. Encaixam-nas como querem, integram tudo o que querem sem necessidade de conhecer muita tecnologia, gerando uma ecologia de saberes muito vinculado à pessoa. É uma nova construção social da realidade. Não é uma lógica explícita, mas tem uma ordem que não está à vista, mas está na mente da pessoa que a constrói[32].

O desenvolvimento da competência de comunicação linguística é melhor quando os professores e alunos podem ter acesso, na sala de aula, a uma Lousa Digital Interativa (no caso de alunos muito pequenos, as táteis), sejam eletromagnéticas como as Promethean, ou que funcionem por infravermelho e ultrassons, como a Mimio[33] e a e-Bean[34] (que só precisam do canhão e de um *kit* portátil que coloca em um canto da lousa).

Já estão sendo criados recursos para lousas interativas[35]. Esse será um âmbito de comunicação e de total participação, pois não só dispõe de ponteiro, como também de pequenas telas que circulam pelos os alunos, ou que cada um já possui.

As atividades, tanto de docentes quanto de discentes, devem ser promovidas em um âmbito de liberdade próprio da criatividade, aceitando cada nível de criatividade, cada grau de liberdade que ambos podem vivenciar, abrindo espaços para a crítica positiva quando o produto estiver realizado e completo.

31 <http s://www.blogger.com/start>.

32 <http://www.aulablog.com/>; <http://www.juntadeandalucia.es/averroes>; <www.blog.educastur.es>.

33 <http://www.mimio.com/>.

34 <http://www.e-beam.com/>.

35 <http://www.pizarrasinteractivas-recursos.net/>.

6.8 A competência comunicativa nas TICs: um desafio à construção de um novo modelo de educação transdisciplinar no Marco Comum Europeu

Mas a competência comunicativa nas TICs não é só uma ferramenta, mas sim um modo de enfrentar e resolver tarefas educacionais complexas com todo tipo de recursos, como vem sendo descrito no Marco Comum Europeu integrando o âmbito das TICs[36].

A competência comunicativa nas TICs deve ser construída com um modelo novo que exija, por si mesmo, a realização de um produto final comunicativo multilinguístico, a ação comunicativa real, com um objetivo claro e específico, associado a uma situação de comunicação relacionada ao âmbito das TICs, envolvimento pessoal cognitivo e afetivo no planejamento, realização e comunicação do produto, trabalho cooperativo que evidencia o desenvolvimento da própria competência, "aprender a fazer" ao longo do tempo, "aprender a aprofundar", um tempo de planejamento, de revisão, execução e avaliação objetiva e reflexiva.

O produto comunicativo deve ser transdisciplinar. Todas as matérias têm uma linguagem e sua própria sintaxe e gramática aplicadas a essa matéria, mas a maioria dos professores e alunos dá por certo que isso foi estudado à parte. O professor ensina os conteúdos, mas não a linguagem com a qual os conteúdos são compreendidos. Deveriam explicar os conteúdos junto com a estrutura da linguagem científica ou tecnológica, ou musical ou artística que utilizam. Assim, o aluno aprende o que faz sentido, e não matérias isoladas. Esse enfoque transdisciplinar requer sequenciar e planejar os conteúdos linguísticos e metalinguísticos para construir os conteúdos abertos a entrelaçar, o que exige a coordenação do corpo docente.

A competência comunicativa exige desenvolver certas habilidades linguístico-comunicativas que são inseparáveis do desenvolvimento de conhecimentos sobre as formas e sobre os usos sociais da língua e as diferentes linguagens das matérias. Mas nem o conhecimento gramatical nem a linguagem científica podem ser concebidos em si mesmos, fora de contextos de resolução de problemas para melhorar os produtos comunicativos. A maioria

36 <http://www.coe.int/T/DG4/Linguistic/Source/Framework_EN.pdf>.

dos professores aplica provas e não ensina como se faz uma prova. Uma prova é um produto cuja finalidade é mostrar como se chegou aos conhecimentos, mas nem sempre se ensina aos alunos como enfrentar a produção desse gênero textual.

6.9 Conclusão

A realidade educacional já não é a mesma que tinha como referência os livros, o lápis e o papel. A brecha tecnológica é cada vez maior entre essas duas épocas. O professor precisa ter ciência da obsolescência de todas as suas aprendizagens e da impossibilidade de transpô-las literalmente às aprendizagens das novas gerações. As descobertas da neurociência mostram que nosso cérebro está perfeitamente preparado para construir a competência comunicativa por meio das TICs e que só será possível adquirir plenamente essa competência por meio delas.

É preciso utilizar as TICs para docentes e discentes se comunicarem e, ao mesmo tempo, desenvolver por meio delas a competência comunicativa. Mas é necessário entender que as TICs não são instrumentos, nem meios, e sim âmbitos educacionais em que a comunicação se estabelece na realidade virtual do conhecimento expandido além deles mesmos, capaz de desenvolver a competência comunicativa em todos os níveis da realidade de vida. É preciso superar a relação professor-discípulo, docente-discente, sábio-ignorante, para construir a ecologia de saberes, a casa comum dos saberes, onde o importante é o saber, saber fazer, saber ser e saber conviver, primeiro na realidade virtual das TICs e também na realidade da vida.

Nós, professores, precisamos mostrar que desenvolvemos a competência que trabalhamos, porque a aprendizagem que docentes e discentes realizam não se refere aos conteúdos que continuarão ali na realidade virtual da internet, e sim a nosso modo compartilhado de abordar esses saberes. Por isso, compreenderemos as matérias como linguagens interativas que todos devemos saber, superando a especialização e a segmentação. Abordaremos a trandisciplinaridade como forma de educação valiosa e necessária para o desenvolvimento da humanidade e apreenderemos as línguas como âmbito de desenvolvimento dos seres humanos de diferentes culturas, como diversos graus de liberdade que conquistamos ao aprender.

Capítulo 7
Formação dos professores na competência comunicativa

Antonio Medina Rivilla

7.1 Introdução

A tarefa docente é uma realidade profissionalizante mediante a qual se realiza o processo de ensino-aprendizagem em sua projeção pessoal, acadêmica e colaborativa.

A ação docente requer, dentre outras competências para seu pleno desenvolvimento, a comunicativa, entendida como o conjunto de conhecimentos, destrezas, habilidades e estilos de comunicação que propiciam a compreensão das mensagens e sua reelaboração entre docente e estudantes.

A comunicação é uma atividade essencial nos seres humanos, por meio da qual se consegue que interajam e compartilhem os pensamentos, as decisões e os saberes que se julgarem pertinentes em cada cultura, instituição e grupo de pessoas.

A comunicação objeto da competência é aquela que se dá nos processos de ensino-aprendizagem, mediados pela interação didática entre o corpo docente e os estudantes, influenciados pelos novos contextos culturais e tecnológicos em que a tarefa docente se desenvolve. A comunicação é a atividade reflexivo-relacional e por meio dela os protagonistas da aula desenvolvem os conceitos, os métodos e as atividades mais fecundas para aprender a aprender, ao mesmo tempo que incluem o uso responsável dos meios e das TICs para avançar na clareza e na qualidade das mensagens trabalhadas.

Formar os professores na competência comunicativa é situá-los diante da amplitude e da complexidade dos processos e atuações docente-discentes, mediante os quais se propicia a compreensão profunda das mensagens, a melhora permanente das decisões didáticas e o projeto formativo da instituição. A comunicação didática é a ação docente mais pertinente e criativa que facilita a aprendizagem de cada estudante e assenta as bases do processo instrutivo, o qual se contribui para a formação integral de cada estudante e da comunidade educacional em seu conjunto.

A comunicação didática

A criação de situações interativas é o núcleo da comunicação didática. Por meio delas, docentes e discentes constroem o âmbito mais adequado para a melhora pessoal e profissional ao analisar e compartilhar a cultura e a base acadêmica da sociedade do conhecimento.

A comunicação se apoia em códigos singulares mediante os quais os professores tomam as decisões adequadas e encontram o verdadeiro significado das realidades instrutivas.

Os códigos mais representativos do processo comunicativo são:

- verbal;
- não verbal;
- paraverbal.

Esses códigos são utilizados nas funções semântica, sintática e pragmática, que caracterizam o processo comunicativo, e que, segundo o professor Rodríguez Diéguez (1985), evidenciam suas possibilidades na essencial função intencional e formativa que caracteriza o processo de ensino-aprendizagem, cujo núcleo é o ato didático. Esse ato didático é basicamente indagador, aberto e comunicativo, apoiado no conteúdo instrutivo mais valioso que deve ser trabalhado nas aulas e situações não formais, mas sua potencialidade depende da atuação criativo-indagadora de cada docente.

A comunicação didática se dá em instituições *ad hoc* e na nova realidade virtual, na qual o corpo docente aprende a inovar, a aprender e a compartilhar realidades que até então não havia criado nem pensado. Está surgindo uma forma emergente de significar as realidades educacionais no espaço e no tempo, e a comunicação didática concretiza-se nas atuações e nas interações geradas entre docentes e discentes e destes entre si, sendo que a base é a complementaridade entre o valor formativo dos conteúdos instrutivos e o pleno desenvolvimento de métodos e estilos de realização humana de estudantes, docentes e grupos humanos intervenientes.

A comunicação didática requer dos professores um genuíno domínio dos códigos em estreita complementaridade: verbal, não verbal e paraverbal, mas apoiados nos meios tecnológicos que transformam continuamente a prática e destacam o verdadeiro poder do trabalho profissional do corpo docente. Ao mesmo tempo, hão de ser utilizados para atender a cada uma das demandas das novas culturas, dos agentes sociais e da potente e ao mesmo tempo incerta atuação da instituição educacional.

O domínio dos códigos citados e dos meios mais propícios para sua utilização nas aulas é a base da formação da competência comunicativa que propomos, unida a uma ordenação lógica do saber com um estilo emocional empático, ao equilíbrio dos sentimentos com plena fluência verbal e às tarefas inovadoras em sala de aula e nas instituições formativas em geral.

7.2 Modelo para o desenvolvimento da competência comunicativa dos professores

A comunicação didática é um processo científico, artístico e com um apoio tecnológico, que se transforma em coerência com os desafios, as demandas e as singularidades da sociedade do conhecimento, plenamente aberta à contínua busca do saber, à descoberta dos verdadeiros valores e ao entusiasmo com os desafios da pluralidade intercultural e globalizante.

Figura 7.1 – *Evolução e inovação educacional*

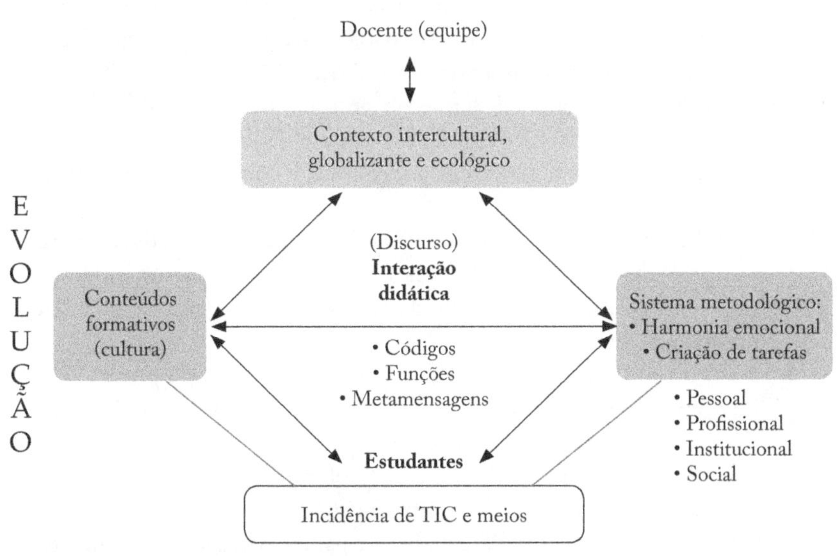

A formação dos docentes no domínio dessa competência implica:

- a construção de um *discurso didático* de caráter empático e intercultural, próximo à qualidade formativa, à pluralidade social, com valores representativos e sentido, em um mundo em transformação, interdependência e incerteza, mas implicado com os projetos mais criativos e forjadores de ideias;
- a *atualização do sentido intercultural, acadêmico, artístico e científico-tecnológico*, que demanda dos professores a permanente atualização dos saberes, suas escolas e tendências, bem como os modos de ser e avançar no desenvolvimento da competência;
- que a competência comunicativa está intrinsecamente ligada ao *domínio do vocabulário* e ao discurso do campo-cultura, ciência e tecnologia que ensinamos;
- a *harmonia emocional* e o *desenvolvimento do sistema metodológico* e didático, no qual construímos nosso modo de agir e de evidenciar o saber e o fazer em interação com colegas e estudantes, no cenário da pluralidade cultural e interativa;
- a *influência e uso de meios* (TIC), com a criação de ambientes interativos como fórum, *chat*, cenários de *blog*, *wiki*, a avaliação da *web* e as diversas formas virtuais de interação, que possibilitam um âmbito interativo de plena complementaridade, busca e sentido contínuo, em suas opções para a melhora da comunicação;
- o envolvimento e a participação no processo de inovação, mediante uma prática reflexiva, criadora de sentido e colaborativa, na qual devemos comprometer docentes, estudantes e comunidade formativa em sua globalidade;
- a *utilização da metodologia didática e heurística* mais adequada para compreender a competência, aplicá-la com rigor e melhorar a interação com os estudantes, o corpo docente e a comunidade educacional em sua globalidade;
- o desenvolvimento da competência unida às esferas de plenitude e de avanço contínuo como docente (Day e cols., 2007) nos âmbitos pessoal, profissional e institucional;
- a atualização e a análise do domínio profundo que cada docente tem do discurso e do cenário formativo, incidindo no conhecimento e uso diário dos códigos (verbal, não verbal e paraverbal) estreitamente integrados, propondo o verdadeiro significado da concepção e prática docente, enquanto criadores das mais representativas práticas formativas;

- a *aplicação de modelos criativos e apropriados* para avaliar o domínio da competência comunicativa em complementaridade com os elementos analíticos, os códigos e seu significado e a verdadeira projeção das tarefas formativas no conjunto dos processos e âmbitos educacionais, em cenários formais e não formais.

O conhecimento contextualizado do domínio dessa competência propõe um cenário de verdadeira inovação e de compreensão do valor dos processos reflexivos e do sentido das comunidades de aprendizagem na sociedade do conhecimento, atualizando os saberes, mas orientados pelos verdadeiros direitos e deveres dos seres humanos em um mundo complexo.

Spring (2007: 43) relaciona a igualdade de oportunidades sociais e a igualdade de oportunidades educacionais com outras qualidades de vida, segundo afetem o autodesenvolvimento e as decisões pessoais ou se voltem para o conhecimento e a superação das condições internas, como as sociogeográficas, econômicas, culturais etc.

Sua pretensão é encontrar um novo enfoque para melhorar as limitações da globalização e situar cada ser humano e os países e comunidades mais desfavorecidos em realidades com verdadeiras possibilidades de superação das limitações, colocando-os com os meios mais apropriados para transformar as desvantagens atuais, criticando a incapacidade de diversos dirigentes para implicar-se adequadamente e assumir o papel de liderança que lhes cabe.

Sua proposta supera o processo de comunicação e centra-se em seu compromisso com a verdade, a cooperação e a melhora do entorno escolar, ciente da ecologia, dos espaços formativos e dos grandes problemas que limitam o bem-estar dos seres humanos e, ao mesmo tempo, dos professores e estudantes em diversos países em processo de desenvolvimento.

Sua proposta de um currículo global para as novas sociedades centra-se na identificação e defesa dos direitos humanos, num ecocurrículo ou educação ambiental com novos objetivos sociais, políticos e econômicos, na linha manifestada em 2006 pelos professores Mallart e De la Torre.

Spring (2007:87) sintetiza sua proposta ao dizer que as crianças experimentam em suas histórias de vida os seguintes desejos a analisar:

- Em que parte do mundo você vive?
- De que comida se alimenta?
- Em que tipo de casa mora?

- Que jogos os estudantes fazem?
- Como é a vida dos meninos e meninas? É igual à sua vida ou diferente dela?

Spring (2007) faz uma tentativa de oferecer um paradigma global para um currículo básico de caráter mundial e questiona:

- Que biosfera pode contribuir para melhorar o sentido e os valores mais genuínos dos seres humanos em um contexto sustentável?
- Que interesse temos pela felicidade humana e como organizar adequadamente as ótimas e benéficas experiências dos estudantes?
- Como reorientar o respeito aos seres humanos, a seus direitos e ao meio ambiente, integrados em uma visão holística?
- Como ensinar aos estudantes as verdadeiras realidades e condições humanas e sociais em que vivem sua vida e pensar em uma realidade de bem-estar?
- Como empregar a solução de problemas e a criatividade como cenário e âmbito de melhora contínua da formação de docentes e estudantes?
- Como oferecer os meios para implicar os estudantes na melhora do mundo?
- Como desenvolver as necessidades éticas para melhor proteção dos seres humanos, do entorno e da sociedade plural e multicultural em seu conjunto?

Esse âmbito da concepção curricular de Spring (2007) situa-nos na necessidade de trabalhar com os estudantes temas singulares, baseados nos problemas mais representativos do entorno atual e na utilização desse método, junto com o debate fecundo do sentido das comunidades e dos mais relevantes processos dos seres humanos em um meio em evolução social e ecológica contínua, diante dos quais devemos trabalhar com rigor, inteligência e verdadeiro compromisso.

Essas linhas pretendem, na opinião de Spring (2007), oferecer alguns elementos para atualizar os programas de estudo e repensar a tarefa formativa em coerência com eles. Esse horizonte exige de nós criatividade e, singularmente, um estilo de conhecer, agir e orientar o processo de ensino-aprendizagem.

Esse processo é feito trabalhando os conteúdos apresentados em coerência com o "novo paradigma no mundo global" de Spring, mas ampliando-o com o verdadeiro desafio compartilhado da aprendizagem ao longo da vida, da qualidade e do bem-estar de todos os seres humanos e do projeto sempre aberto de cuidado e respeito a nosso entorno cidadão e local, como membros do mundo/aldeia global no século XXI (Medina e Domínguez, 2008).

7.3 Domínio e formação do professorado na metacompetência comunicativa

A comunicação integra e repensa os projetos dos seres humanos e das diversas culturas nas e com as quais convivem. O papel e o processo aberto de cada pessoa e grupos, ao viver e compartilhar projetos, precisam de uma comunicação precisa e clara. A educação requer dos professores um singular domínio empático-reflexivo e colaborativo da ação e do saber desenvolver e compartilhar com os estudantes; a comunidade pluricultural em sua globalidade e, ao mesmo tempo, o domínio da ação comunicativa.

A comunicação é o verdadeiro objeto de um programa de atualização de docentes para que realizem otimamente o processo de ensino-aprendizagem. O domínio dessa competência concretiza-se nos seguintes aspectos:

- interiorização do significado e papel da comunicação no processo de ensino-aprendizagem;
- elementos, códigos e funções, substantivos da comunicação e seu pleno domínio;
- utilização da metodologia holístico-pesquisadora/didático-integradora da ação comunicativa;
- domínio do discurso pessoal e comunitário na e com a comunidade educadora;
- transformação contínua do estilo de ser e de pensar/agir em sala de aula e na escola;
- criação das subtarefas sob um enfoque compreensivo e criativo, próximo a cada estudante e cultura.

Esses aspectos, em si mesmos e em plena inter-relação, constituem a base de um programa de domínio e desenvolvimento dos professores para compreender e gerar um verdadeiro estilo e pensamento docente, harmonioso com o de aprendizagem de cada professor, em sua virtualidade (teórico-pragmática, reflexivo-impulsiva, dependente/independente de campo, analítico-sintético, abstrato-concreto etc.) e sua permanente complementaridade. Questionamos o verdadeiro papel e projeção que a realidade comunicativa apresenta ao professorado e aos estudantes, bem como à comunidade educacional com pluralidade cultural e diversos valores, cientes do verdadeiro papel dos professores em sala de aula e nas novas esferas sociais. Aprender a se comunicar é a base da docência e do saber formativo, tendo ciência do desafio que o pluriculturalismo tem significado não só na abertura para outras línguas e códigos, mas também para os verdadeiros valores da nova humanidade do século XXI, em um cenário tão criativo como é o mundo atual, onde a pluralidade cultural é sua aberta identidade.

7.4 Formação do professorado na competência comunicativa: elaboração de um programa

O processo formativo que propomos para desenvolver as competências caracteriza-se por situar o professorado como verdadeiro protagonista de sua capacitação e as instituições nos cenários mais apropriados para atender ao grande desafio da sociedade intercultural e à transformação tecnológica permanente.

O conhecimento da competência comunicativa e sua melhora integral devem ser vistos como um processo ligado à transformação contínua da atividade de ensino-aprendizagem, essencial para o desenvolvimento profissional.

Figura 7.2 – *Processo para o domínio da competência comunicativa*

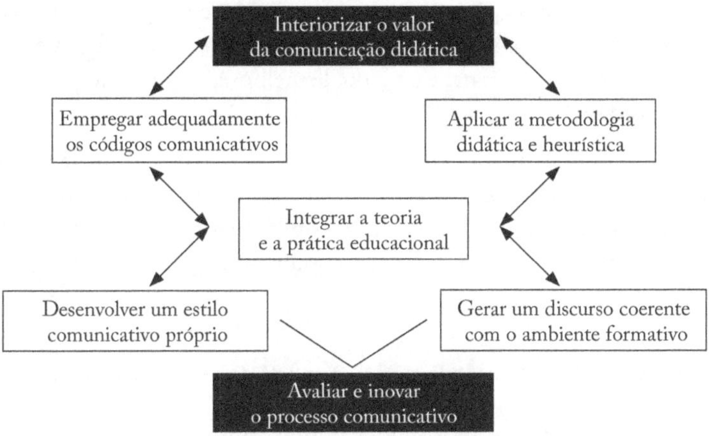

7.5 Processo para o domínio da competência comunicativa

Interiorizar o valor da comunicação dialética

Os professores devem assumir que a competência comunicativa é um componente essencial da ação didática e aprofundar em sua concepção, significado e impacto para avançar na melhora contínua do pensamento e da atuação docente.

A tarefa docente fica explícita ao evidenciar que valor concedemos à comunicação do saber e singularmente à construção do ambiente de aprendizagem, no qual cada educador desenvolve com criatividade e ótima dedicação a atividade formativa.

Comunicar é expressar de modo oral e por escrito o mais valioso que desejamos que os estudantes descubram e interiorizem como fundamental para se realizarem como seres humanos e membros criativos da sociedade intercultural e do conhecimento, percebendo diversos estilos de busca, avanço e significado interativo.

Ao comunicar, procederemos com base no conhecimento e na plenitude de sentido, ensinando a matéria e trabalhando-a em uma etapa do sistema educacional. Devemos pensar que a comunicação é uma profunda disponibilidade e empatia colaborativa para compartilhar com os colegas e os estudantes o projeto educacional e o plano de melhora contínua do pensamento e da ação didática.

A ação comunicativa deve ser analisada em sua potencialidade instrutiva e em sua influência na educação dos estudantes e na construção do clima social da escola, tendo-se ciência das possibilidades e das limitações dos processos comunicativos na tarefa de ensino-aprendizagem.

Empregar adequadamente os códigos comunicativos

Consegue-se o domínio da comunicação ao empregar criativa e eficientemente os códigos substantivos da comunicação, singularmente o não verbal e o paraverbal, apoiados na estrutura verbal e nos termos pertinentes à formação integral dos estudantes.

A estrutura verbal do professorado expressa-se mediante os elementos mais ajustados entre o campo do conhecimento a trabalhar e assimilar e a emergência dos termos e experiências mais valiosas dos estudantes, utilizadas nas diferentes culturas e nas interações entre estudantes.

As vivências requerem expressar-se com uma triangulação complementar entre formas verbais apropriadas, explicitação de condutas não verbais e valoração criativa de situações e modelos de aprendizagem transversais.

O domínio dos códigos precisa apoiar-se em uma prática reflexiva e de análise do processo e utilização destes, partindo de situações representativas, escolhidas pelos atores e avaliadas em toda sua complexidade.

O código verbal é construído por meio da síntese dos elementos e vocábulos mais característicos do campo de conhecimento, fundamentados na cultura acadêmica, configurando a metalinguagem mais representativa do momento e a oportunidade científica do campo.

O código verbal adquire um novo significado e se apoia nele, com o complemento do não verbal e do paraverbal, a ponto de se atingir o sentido em função do processo seguido e da entonação que caracteriza o modo de pensar e de apresentar os conceitos e os estilos vividos em colaboração. O processo artístico de ensinar apoia-se na capacidade de expressar, compartilhar e compreender os termos no âmbito textual e no estilo global de apresentação e utilização dos vocábulos, transformados em referenciais inovadores da linguagem.

Aplicar a metodologia didática e heurística

O processo de ensino-aprendizagem é, em si, a base para avançar e dar sentido à ação comunicativa e melhorar o plano e a atuação mediadora dos professores.

A metodologia mais coerente com o domínio dos cenários comunicativos é a utilizada para a compreensão e expressão das mensagens, que implica situar o docente-ator diante das possibilidades de avanço real e de transformação do sentido pragmático e contextual das mensagens, tendo ciência do valor dos referenciais, do apoio dos meios e do poder inovador das próprias tarefas.

Os *métodos didáticos* devem ser aqueles que situam o docente na ação, na utilização das formas genuínas de apresentação e na análise da qualidade do discurso empregado, mas complementados com os heurísticos em estreita inter-relação. Dentre eles, apontamos:

Quadro 7.1 – *Metodologia didática e heurística*

Métodos	
Didáticos	Heurísticos
• Narrativo	• Que se complementa com a metodologia de indagação e pesquisa narrativo-experimental
• Interrogativo	• Perguntas sistemáticas, base da pesquisa • Novas questões
• Descritivo	• Requer uso dos métodos de descrição e experimentação das situações comunicativas • Descobrir as causas e leis dos fatos e fenômenos • Representar os papéis dos atores
• Explicativo	
• Dramático	
• Solução de problemas	• Transformar o problema na base e diretriz das ações indagadoras e velar pelo processo de solução • Complementaridade de métodos e técnicas
• Criação dos critérios	

(continua)

(*Quadro 7.1 – conclusão*)

• Redação explicativa de novos textos	• Análise do discurso do docente em sua ação de ensino-aprendizagem, avaliando tanto os textos orais quanto os escritos
• Simulação de situações expressivas e dramatização	• Interacionismo simbólico e aplicação da metodologia hermenêutica, em algumas de suas modalidades
Técnicas	
• Gravação em áudio e vídeo de aulas e situações diversas de ensino-aprendizagem	• Análise dos conteúdos gravados, valorizando o uso dos diversos códigos e trabalhando seu significado em equipe
• Caderno de campo / Diário ou semanário • Instrumentos, vídeos e fontes	• Estudo dos textos e complementaridade de formas de trabalho
• Análise de tarefas docente-discentes	• Estudo dos processos e tipos de tarefas
• Experiências simuladas e ajustadas a diversos ambientes de aprendizagem	• Listas de controle das ações e estimativas de sua evolução

Os professores devem selecionar alguns desses métodos e técnicas e sentir-se ativos indagadores, apoiando sua prática no processo e no estudo do domínio da competência comunicativa.

A competência comunicativa será desenvolvida ao integrar a teoria e a prática educacional, que representam o conteúdo essencial de aprendizagem e de desenvolvimento integral do saber e fazer. Mas esse conhecimento deve ser trabalhado e melhorado mediante um "estilo comunicativo próprio", que requer o especial apoio do "discurso", verdadeiro componente e base do estilo.

A formação nesse âmbito fundamenta-se na vivência da prática educacional e na análise do conteúdo do discurso em seus três códigos, mas com o singular valor da inter-relação entre a adequação e a riqueza do verbal e do paraverbal.

Deve-se chegar ao domínio do discurso verbal harmonizando a potencialidade dos termos do saber e seus recursos expressivos mais representativos do campo de conhecimento com as experiências e termos emergentes na sociedade da informação habitualmente empregados pelos estudantes.

Como propiciar aos professores a construção do discurso e do estilo comunicativo?

Esses aspectos constituem a base da aquisição da competência, dado que o discurso é a síntese dos processos de se comunicar e contém o núcleo do que somos capazes de compartilhar e assumir. O discurso, por sua vez, estrutura-se no conjunto de mensagens e em suas formas de apresentação.

O discurso estrutura o estilo comunicativo mediante o qual cada pessoa encontra sua linha de interação e de colaboração entre os seres humanos.

O processo de ensino-aprendizagem fica explícito e é realizado mediante o discurso que os componentes do grupo e da classe utilizam e que em seu conjunto evidenciam os vocábulos, sua inter-relação e os modos de apresentá-los na aula.

Os professores, fruto do discurso e das formas de empregá-lo, caracterizam seu modo de agir em sua globalidade e constituem o estilo comunicativo que compartilham com colegas e estudantes ao interagir. O estilo comunicativo é a principal característica do professorado e fica explícita conceitualmente em seu modelo didático.

Os modelos são representações mentais das formas de pensar e desenvolver o processo de ensino-aprendizagem e por meio deles se concretizam as decisões e as atuações que se levam a cabo na aula.

Os estilos comunicativos relacionam-se com os de liderança e constituem o modo singular de agir e de compartilhar os saberes e as formas de intervir no cenário educacional. Os estilos participativos da escola e da sala de aula caracterizam-se pelo uso de discursos e diálogos abertos, ativos e próximos da qualidade e vivência das expectativas dos agentes da comunidade educadora.

O estilo comunicativo e seu conteúdo essencial, o discurso, são aprendidos e melhorados ao analisar seu uso e interação por parte do professorado e dos estudantes, e o modo como integraram os elementos da interação didática, verdadeira realidade plural e colaborativa entre docentes e estudantes e destes entre si (Medina, 1988 e 2004).

7.6 Desenvolvimento da competência comunicativa dos professores e sua projeção na competência comunicativa dos discentes

A melhora da competência comunicativa do professorado está ligada ao desenvolvimento dessa mesma competência nos discentes, resultando em uma comunidade de ensino-aprendizagem geradora de novos saberes, formas de interação didática e cenários de empatia e de compreensão mútua entre docente e discentes, tendo impacto na comunidade educacional e nas realidades interculturais.

As modalidades formativas que integram a competência comunicativa e que os professores vão desenvolver são: narração, explicação, dramatização, poética etc.

Subcompetência narrativa

A capacidade de narrar, compartilhar histórias, por exemplo, com os estudantes e de envolvê-los na composição das próprias é uma tarefa fundamental para avançar na competência e compartilhar o valor da narração entre os seres humanos. Perguntamo-nos: Que domínio obtive da narrativa? Que narrações incorporei a meu trabalho docente? Como utilizo as narrações mais valiosas da História da literatura dos diversos povos e culturas presentes no entorno e na comunidades de aprendizagem? Como elaboro *sites*, *WebQuests* etc., para obter uma melhora da competência como processo narrativo?

A subcompetência narrativa tem várias perspectivas de trabalho: didática, heurística, intercultural, comunitária etc., que atendemos para integrá-la a um novo estilo de comunicação nas situações de ensino-aprendizagem.

Quais tarefas devemos empreender para conseguir que a formação comunicativa dos discentes seja, por sua vez, essencial para a melhora e consolidação da subcompetência narrativa do professorado?

Temos de implicar os estudantes na narração das histórias de seu entorno familiar, comunitário e cultural que marcaram suas paixões e lhes proporcionaram profunda satisfação pessoal.

O desenvolvimento da prática narrativa é atingido pelos docentes mediante a realização das seguintes tarefas:

- identificar textos e espaços textuais que apresentem com proximidade, emoção e pertinência fatos e realidades e/ou fantasias ligadas às unidades didáticas temáticas que constituem o programa de estudo;
- harmonizar textos escritos com sua apresentação oral;
    - › desenvolver tarefas a modo de ensaio, com uma perspectiva diacrônica adequadamente contada e exposta com entonação agradável, acompanhada dos gestos pertinentes;

- implicar os estudantes na apresentação de histórias de vida, situações experienciais e recordações que os motivem e em que se envolvam, criando cenários de melhora contínua de discursos orais, escritos e desenhados/representados;
- construir um *site* de trabalho para a matéria que selecione algumas narrações de valor e integrar os estudantes nessa seleção, escolhendo portais apropriados ao objeto de estudo;
- identificar textos relevantes da história da literatura em várias culturas presentes na aula e em coerência com os eixos de formação da quinzena ou do mês;

- avançar no domínio e narração de histórias, situações, âmbitos complexos, problemas, características das diversas culturas (etnografias, biografias etc.);
- compartilhar com a frequência adequada, entre o professorado e a comunidade educacional, experiências docentes, pessoais e institucionais;
- elaborar um *portfolio* ou caderno de campo que sintetize as vivências mais destacadas, construindo quinzenalmente o relato representativo da prática profissional;
- desenvolver memórias anuais dos processos educacionais e fazer composições de histórias diversas, vividas nas comunidades, viagens etc.

O domínio dessa subcompetência deve ser trabalhado na apresentação oral dos aspectos mais representativos do núcleo temático a ensinar/aprender, ilustrando-a com imagens, exemplos, situações motivadoras e cenários que propiciem aos estudantes a compreensão e a análise dos aspectos a serem estudados.

A expressão oral de caráter narrativo se consolida ao identificar o núcleo, suas conexões espaço-temporais e as características mais singulares do discurso a empregar.

A narrativa se enriquece com a fluência verbal, as relações entre o meio narrado e suas implicações espaço-temporais, bem como as diversas formas de compreender as ações entendidas e analisadas.

Eis algumas tarefas que contribuem para o domínio da narrativa nos processos de ensino-aprendizagem:

Quadro 7.2 – *Tarefas para o domínio da subcompetência narrativa oral e escrita*

Narrativa oral	Narrativa escrita
• Apresentação histórico-contextual do tema como nova experiência vital de aprendizagem.	• Redigir a experiência docente e suas chaves para interagir com fluência expressiva no processo de ensino-aprendizagem.
• Explicitar o discurso verbal acompanhado de gestos e processos fonéticos que enfatizem o relato e seus aspectos mais destacados.	• Apresentar textos narrativos com apoio de fotografias, gráficos e contribuições tecnológicas, coerentes com as finalidades didáticas e o discurso de relato.
• Simular situações complexas ligadas aos núcleos temáticos do programa de estudo e expô-las com ênfase e rigor acordes com o estilo do relato.	• Selecionar um núcleo temático e apresentá-lo com material didático, e apoiado no estilo expressivo de caráter narrativo.
• Apoiar a narrativa oral em: • gestos de aproximação e empatia com os estudantes, ao realizar a narrativa; • empregar tons adequados com alternância de expressões suaves e de manifestações com força expressiva; • gravar em áudio/vídeo alguma das narrativas realizadas e analisar escuta e reflexão posteriores.	• Complementar a narrativa escrita com: • textos, fundos musicais e redações que alternem a proximidade do vocabulário com o rigor da metalinguagem do campo de saber; • redigir os textos com projeção e uso posterior na expressão oral.

Subcompetência interrogativa

A ação docente, expressa de forma socrática, concretiza-se nas perguntas mais relevantes e apropriadas que fazemos aos estudantes para estimular o pensar e agir com iniciativa no processo de ensino-aprendizagem.

A pergunta também deve ser feita pelos estudantes, questionando o sentido de sua formação, o caminho seguido e as descobertas mais relevantes nesse processo.

Identificar as perguntas e as situações mais motivadoras é levantar questões que estimulam os estudantes a refletir, encontrar soluções novas e envolver-se no trabalho, na aula, contribuindo com novas questões e chegando a respostas coerentes com as perguntas feitas. Assim, os questionamentos devem tender a promover a busca de fontes para encontrar as soluções divergentes para os problemas vividos em sala de aula e na comunidade educacional.

A arte de interrogar requer que os professores tenham ciência das potencialidades dos estudantes e que os comprometam no processo mediante as perguntas mais oportunas e pertinentes, apresentadas de modo global, e convidando toda a equipe a contribuir com sensações e detectar as respostas mais completas, ou a questionar o sentido do que foi perguntado e criar as respostas como uma ação contínua, consolidando o caminho fecundo para a aprendizagem, a contribuição de novas ideias e o desenvolvimento da cultura de vivência e mudança permanente.

Habitualmente, os docentes incorporam as perguntas ao diálogo com os estudantes, mas falta uma visão sistemática de utilização das unidades didáticas, construindo aquelas questões que devemos abordar. As argumentações mais coerentes e rigorosas devem se apoiar em racionalidades e vaticínios bem estruturados, partindo das perguntas pertinentes como o ponto central do processo no qual devemos avançar e melhorar em sua complexidade e resultados.

Que perguntas são essenciais no processo de ensino-aprendizagem? Quem deve fazer as perguntas básicas? Como integrá-las e implicar os estudantes nessa perspectiva interrogativa?

As perguntas mais estimulantes são as abertas e emergentes, mas, ao mesmo tempo, devem se conectar com a experiência de vida e os interesses dos estudantes e de suas culturas, elaborando simples processos de raciocínio e de busca da verdade.

Os professores dominam e explicam essa subcompetência quando descobrem sua potencialidade formativa e a integram ao processo de ensino-aprendizagem, atuando de modo comprometido e selecionando as questões com vistas a favorecer o desenvolvimento da subcompetência interrogativa.

Quadro 7.3 – *Perguntas para o desenvolvimento da subcompetência interrogativa*

Perguntas de caráter instrutivo	Perguntas de empatia e emocionalidade
Conseguir completar os dois aspectos no processo de ensino-aprendizagem	
• Construir um banco de perguntas básicas para a compreensão dos fenômenos, meios e dados a estudar.	• Apresentar as experiências anteriores mais gratificantes em torno ao tema e dialogar acerca delas mediante perguntas a cada estudante.
• Apresentar perguntas globais à classe e convidar cada estudante a respondê-las.	• Questionar as emoções e as vivências anteriores em torno ao bloco e à unidade didática trabalhada.

(continua)

(*Quadro 7.3 – conclusão*)

<table>
<tr><td>• Dar atenção às percepções e aos conceitos anteriores que os estudantes têm do saber estudar e fazer as perguntas de ponte para entender e analisar o aprendido e a aprender.</td><td>• Convidar a expressar as sensações e as circunstâncias em que se realiza o processo de ensino-aprendizagem.</td></tr>
<tr><td>• Sequência e qualidade das perguntas.</td><td>• Valor relacional das perguntas e sua integração emocional.</td></tr>
<tr><td colspan="2">• Como aprendemos a sequenciar as perguntas e estabelecer um processo de inovação e desenvolvimento em função da dificuldade interna de cada uma?</td></tr>
<tr><td colspan="2">As perguntas devem ser realizadas atentando-se tanto para a dificuldade na sua formulação quanto para a pertinência delas para desenvolver a capacidade cognitiva e relacional dos estudantes, em função da adequação às expectativas e ao nível de complexidade relativos a cada aprendiz.</td></tr>
<tr><td colspan="2">A tarefa do professorado deve centrar-se em:</td></tr>
<tr><td>• Identificar as limitações que cada pergunta apresenta para o aprendiz, segundo seu domínio semântico e sintático;
• Dificuldade intrínseca de compreensão, em função do domínio do vocabulário empregado e do contexto global de significado;
• Estabelecer o sequenciamento das perguntas a apresentar em:
• planejamento/programação do ensino;
• formato de cada unidade didática;
• exercícios de trabalho para a classe;
• significado das questões para os aprendizes;
• valor do conjunto de perguntas para a classe e cada estudante.</td><td>• Escolher as perguntas levando em conta:
• as expectativas dos estudantes;
• as emoções percebidas e sentidas;
• as experiências pessoais ao estudar cada unidade didática;
• os valores a desenvolver entre os estudantes e a comunidade;
• o sentido da tarefa e as repercussões para cada estudante.</td></tr>
</table>

A subcompetência interrogativa do professorado se consolida quando os estudantes avançam em seu uso criativo e pessoal, incorporando-a às modalidades de diálogo e relação na classe e nas equipes de trabalho.

A pergunta é origem da reflexão e do intercâmbio entre professores e estudantes e destes entre si.

A criação de um clima de colaboração e de intercâmbio de ideias é básico para promover a interrogação e a sequência criativa de questionamentos entre toda a comunidade educacional.

A construção da relação em sala de aula baseia-se na significância e qualidade das perguntas formuladas e em seu impacto no discurso empregado.

A cultura da interrogação, da argumentação e da contínua busca é chave para que o professorado situe as perguntas no lugar pertinente nas classes e na escola. Partindo de questões holísticas e gerais que dizem respeito a toda a classe, deve prosseguir com processos de relação e questões centrais nas equipes de aprendizagem até culminar no processo individualizado e tutorial de surgimento de perguntas com cada estudante.

Essa subcompetência se consolida ao selecionar em cada unidade didática as questões essenciais a apresentar, sequenciá-las e estruturá-las em função do domínio dos estudantes nessa subcompetência, avançando em um mapa geral das questões essenciais a responder, desenvolver e estimar pelos estudantes e o professorado em seu conjunto, trabalhando o vocabulário, o contexto de uso e o conteúdo de aprendizagem essencial.

Os professores precisam conhecer as perguntas mais valiosas para os estudantes, fazê-las à classe e depois aos estudantes individualmente, sentir-se em coerência consigo e implicar-se em um uso rigoroso e equilibrado das questões com todos os participantes.

Subcompetência descritiva

A descrição é uma modalidade de apresentação de situações, paisagens e formas de relação mediante a qual se relata uma realidade, de tal modo que resulte próxima, sentida, e que permita sua ótima percepção.

O domínio dessa competência é alcançado ao desenvolver um estilo de expressão dos detalhes e matizes de uma realidade da qual se enumeram seus componentes de modo descritivo e características pontuais dos fatos que se deseja apresentar.

A descrição faz parte dos estilos de conhecimento e da busca de sentido do professorado e tem sido especialmente empregada pelos docentes para identificar um contexto geográfico, uma realidade topológica ou um cenário pictórico que requeira uma fundamentada identificação de seus elementos mais valiosos.

Como avançar no domínio dessa subcompetência?

As tarefas que os professores podem assumir são diversas e referem-se às formas de experimentar os saberes e os mapas de conhecimento. Entre as atividades que sugerimos estão:

- selecionar alguns fatos geográficos, como uma determinada paisagem;
- pensar na classificação do cenário montanhoso, seus componentes, linhas de horizonte, alternância de formas, cores, estilos de relevo, proximidade-distância; ou a representação dessa paisagem em desenho, esboço ou gráfico; fotografia; escultura ou efeitos tridimensionais (fotografias aéreas de cada uma dessas possíveis representações da paisagem com apoio audiovisual ou consulta na rede a alguns *sites* criados para isso nos preocupariam).

- selecionar a estrutura central da paisagem;
- apresentar diferentes efeitos e componentes da paisagem escolhida;
- complementar formas, matizes, fundo, presença etc.;
- usar efeitos ópticos e a perseverança da linha do horizonte;
- fazer a meticulosa projeção óptica, subjetiva e colaborativa com os estudantes.

A descrição pode ser de algum quadro – por exemplo, o "2 de Mayo", de Goya, apresenta uma grande quantidade de componentes: a ideia eixo da libertação, a rebeldia e a opressão do invasor, mais os matizes de continuidade de cores, formas e representação da tragédia.

O trabalho sistemático da descrição, mediante a palavra, a fotografia e o rigor da própria realidade, propicia um estilo de visão e representação da realidade com suas diversas características e processos de emitir a proximidade ou a distância do cenário que descrevemos.

Essa subcompetência não se esgota na expressão dos detalhes e matizes de um fato; requer um olhar holístico, estrutural, complementado com o detalhismo de cada um e a harmonia entre os detalhes e a percepção central que encontramos diante do verdadeiro valor dos matizes, da descoberta da visão integral.

Avançar na riqueza descritiva de caráter intercultural é descobrir nas diversas paisagens e nas artes emergentes o grande complemento entre as culturas, suas manifestações e a representação que disso devemos fazer no processo de ensino-aprendizagem.

Subcompetência explicativa

A tarefa docente está ligada à apresentação, argumentação e justificação dos fatos, saberes e teorizações mais pertinentes ao trabalho nas salas de aulas e instituições de ensino.

A explicação constituiu a modalidade mais empregada nos estilos de comunicação docente, transformada em "lição", posteriormente ligada ao professor e explicitada em "lição magistral".

A explicação é a apresentação do conhecimento, contribuindo com suas causas e formas de apreensão e significação, aprofundando em seu significado, gênese e evolução.

O domínio dessa subcompetência, sendo utilizada com profusão pelos professores, é considerado suficientemente adquirido e o costume de sua aplicação o consolidou como a forma mais habitual de comunicar os saberes nas aulas, da Universidade à Educação Secundária, e de uso mais limitado em Educação Primária ou Infantil.

Ao explicar, o professor pretende expor, com rigor, sequência e justificação das causas, as tendências, os modelos e as concepções que os estudantes devem conhecer e aprofundar para adquirir os conteúdos formativos básicos, organizando a exposição como conferências. Porém, a explicação requer estruturação e sistematização profundas, apoiadas em teorias, modelos e concepções bem assentados na comunidade científica, além de uma contínua atualização e fundamentação.

Explicar é expor com coerência, ordem, rigor, apoiando-se nas causas e nas leis do saber mais atualizado, que os estudantes devem assumir e criticar para reconstruir tal saber, ligá-lo às experiências virtuais e encontrar o sentido profundo do que se deseja entender e assimilar. A partir disso, cada estudante deve reelaborar o aprendido e dar-lhe uma marca pessoal, no âmbito pessoal e profissional.

A explicação requer um elevado domínio dos códigos verbal, não verbal e paraverbal para expor com domínio, vigor e suavidade os conteúdos formativos.

Como avançar no domínio dessa subcompetência? Que tarefas são mais pertinentes em harmonia com as subcompetências anteriores?

Essa subcompetência requer uma alta fluência verbal, estruturação e riqueza de vocabulário (metalinguagem da área). Em consequência, as tarefas para consolidar essa modalidade expressiva são:

- construir um vocabulário pessoal e profissional de domínio do ramo científico e do campo de conhecimento que devem ser trabalhados com colegas e estudantes;
- analisar seu discurso real, aquele que cada docente emprega, mediante a gravação em áudio e vídeo e estudo meticuloso posterior do código, mensagens, metamensagens e qualidade do processo relacional desenvolvido;
- fazer emergir o modelo de discurso e sequência de seus componentes ao trabalhar a unidade didática desenvolvida em sala de aula, rede, fórum, *chat* etc.;

- harmonizar as diversas situações de explicação de saberes, formas de coaprendizagem e formato oral e escrito do compreendido e experimentado;
- partir de organizadores gerais;
- situar no processo explicativo narrações, descrições, interrogações, perguntas, dramatizações e estabelecer a sequência:
  a) *Iniciação*
  b) *Desenvolvimento*
    › Mapa conceitual
    › Ideia central
    › Ampliação
  c) *Reconstrução*
  d) *Síntese*
- implicar os grupos de estudantes em sua aplicação adequada no processo de ensino-aprendizagem;
- desenvolver atividades e formas de explicação em torno do tema central e do eixo de estudo da semana e quinzena;
- selecionar o núcleo temático e proceder partindo de questões como: "O que propõe o núcleo temático?", "Que considerações devemos abordar e por quê?", "Quem deve ser o verdadeiro protagonista da situação-tema?" etc.

Devemos apresentar as explicações levando em conta:

- a gênese do tema, problema central e unidade de trabalho;
- as contribuições dos professores e estudantes, selecionando as fontes, bases de dados e procurando na internet em diversos cenários;
- a análise das perspectivas do tema, expondo o organizador geral, a relação com outras perspectivas e os contrastes e sínteses que cada participante traz;
- a cultura de sala de aula, na qual docentes e estudantes expressam seus argumentos e justificam as conclusões alcançadas no tema de estudo.

A explicação se consolida como um processo argumentativo rigoroso, síntese das contribuições relevantes do campo de conhecimento com verdadeiro domínio do saber e um estilo singular de exposição das descobertas, ou concretizado em síntese dos processos e projetos mais valiosos a trabalhar, em coerência com as finalidades formativas.

A explicação é a subcompetência comunicativa que evidencia o papel e o nível de implicação e de racionalidade conceitual com que o professorado enfrenta sua tarefa docente.

A sociedade intercultural e do conhecimento, com grande uso da TIC, reforça nos professores o domínio e a adaptação necessários a essa competência, pois a riqueza das diversas línguas e a pertinência das TICs nesse âmbito escolar e humano é essencial.

As possibilidades do ciberespaço e os avanços na modalidade digital de comunicação questionam nossa concepção clássica da explicação e, pelo menos hoje, emergem a importância e a potencialidade dessa modalidade expressiva na educação e nas interações sociais em geral.

O desempenho do domínio explicativo requer construir o saber profissional e prático do docente e incluir no domínio dessa subcompetência:

- gravar e analisar um conjunto adequado de aulas, ou na internet, conhecendo em profundidade o discurso e o uso dos códigos do professorado, desde o verbal até o paraverbal;
- implicar a equipe de docentes na criação de cenários de estudo, análise e melhora conjunta das modalidades dessa subcompetência;
- elaborar esquemas rigorosos e criativos de estilos de aulas e situações didáticas que evidenciem um uso adequado da explicação;
- integrar a explicação na intervenção didática e avaliar suas possibilidades e limitações;
- aplicar a auto e coobservação, a análise do discurso e de seus componentes e a reflexão compartilhada entre colegas do conhecimento da qualidade da explicação dada;
- integrar e contrastar o valor das subcompetências anteriores (narrativa, interrogativa e descritiva) na aplicação da explicação.

O avanço nas subcompetências precisa integrar todo o processo e desenvolver um estilo criativo e inovador para dar uma estimativa da prática didática do professorado em toda a sua complexidade.

Subcompetência de dramatização

A prática formativa e a ação docente requerem certa dose de dramatização, que implica um modo de realizar as tarefas e de compartilhá-las com os outros e, ao mesmo tempo, requer desenvolver com toda a intensidade a prática formativa e questionar diversos modelos de trabalho e ação que poucas vezes os foram plenamente vividos e representados.

A subcompetência de dramatização, que em outros contextos foi denominada *role-playing*, é considerada a arte de representar um papel que nos é atribuído e que se julga relevante para uma melhor formação. Ao dramatizar, o docente revela sua linha de atuação e assume o papel que a sociedade lhe outorga para avançar no verdadeiro significado; mas, a verdadeira dramatização é a coerência e assunção crítica do papel que nos coube viver e gerar com plena responsabilidade.

O que essa subcompetência implica? A capacidade, o saber e a destreza de representar as atuações e reações que se espera de uma identidade profissional evoluída e comprometida com os desafios da sociedade em contínua mudança, com características interculturais e tecnológicas muito acentuadas. A dramatização nos determina em sua projeção e nos exige esclarecer o drama normal da prática docente e das tarefas impostas pela sociedade da transformação e do fazer em colaboração, impulsionados por novas motivações e interesses emergentes.

O domínio dessa subcompetência resulta em esclarecer o papel e a verdadeira formação que nos afeta no âmbito das competências, mostrando como cada docente deve assumir criticamente a realidade formativa que nos coube viver e compartilhar.

A dramatização também reporta a situações de busca de novos papéis e referenciais, que questionamos e realizamos segundo os temas e contextos da ação formativa.

Dominamos essa competência quando, diante dos diversos temas e enfoques, somos capazes de agir com coerência e em resposta às formas de atuação que se esperam de nós. Essa necessária assimilação de modelos e de crítica perante eles precisa de um esforço constante, dado que esses papéis são variáveis e, às vezes, controvertidos.

O avanço na subcompetência precisa de tarefas acordes a ela e próximas do desafio da grande quantidade de situações e papéis que docentes e estudantes devem representar. Dentre essas atividades, apontamos:

- ler e criticar papéis de obras representativas, seja da literatura em geral, do teatro em particular ou de atuações e modos de aprender a aprender na sociedade do conhecimento;

- gravar e analisar o papel que desenvolvemos como docentes e estimar o estilo e as atuações que desempenhamos como tal, e que modalidade de liderança assumimos: autoritária, participativa, compreensiva, de deixar fazer etc.;
- observar o papel e as atuações de outros colegas e fazer seminários para a análise e a crítica em comum;
- compartilhar algumas situações relevantes de simulações de papéis de outros profissionais vividos nos processos formativos, como juízes, médicos, agricultores, marginalizados etc.;
- redigir um relatório que tornem evidentes as atuações desenvolvidas e estimar seu impacto na tarefa docente, na sala de aula, na instituição educacional e na comunidade escolar;
- desenvolver e compartilhar ensaios de práticas e formas de trabalho compartilhado entre diferentes grupos, culturas e programas de desenvolvimento.

Cada docente e equipe de colegas criará situações de empatia e de conflito nas quais o professorado realizará as ações pertinentes e gerará novos cenários de intercâmbio de papéis, ideias e projetos entre docentes, estudantes e comunidade educacional.

Subcompetência poética

Essa subcompetência tem especial sentido no desenvolvimento de uma tarefa tão complexa e aberta como é o ensino, na qual as atuações formativas requerem elevadas doses e processos artísticos nos quais os envolvidos descubram o valor da beleza do discurso e os estilos de intercâmbio de ideias e de análise das diversas formas de ser e compreender a obra bela.

A subcompetência poética harmoniza o saber literário mais fecundo com um modo de sentir artístico, que concentra na palavra e nas imagens que a acompanham as mais genuínas formas de viver e compartilhar as emoções humanas e físicas. A natureza é a harmonia entre o ser e o fazer, e a poesia tenta cantá-la e imitá-la, mas cada realidade social e natural requer um modo peculiar de compartilhar e de desfrutar a beleza.

As atuações docentes precisam desse gozo estético para situar a interação didática em um equilíbrio entre a qualidade da tarefa formativa e o gozo criativo e intelectual da beleza.

A vivência de cada prática deve ser assumida em toda sua plenitude, ciente do valor e significado do ser e do fazer nos processos de ensino-aprendizagem como singulares, valiosos e geradores de um novo *status* pessoal e social.

Que tarefas o professorado deve propor para o desfrute e o deleite poético?

- seleção de obras artísticas: pictóricas, plásticas e a poética em toda sua amplitude;
- leitura e declamação de poemas, em concursos, com a colaboração de colegas, autores e estudantes;
- composição de poemas, como experiência sentida, vivida e de gozo pessoal e intelectual;
- criação de cenários de cultivo, desfrute e assunção da poesia como gozo intelectual e existencial;
- geração de formas e situações que promovam intensamente a prática e o gozo estético-literário;
- participação nas atividades sociais que impliquem maior cuidado e cultivo da poesia como realidade existencial e como projeção pessoal e mundial.

O discurso poético transcende as culturas e se consolida como metacultural, emergente e sempre aberto ao deleite mais sentido, emocional e apaixonado, que nos relança ao mais genuíno dos seres humanos, chegando ao âmbito holístico do prazer estético:

- declamando o poema, acompanhado de fundo musical e sentimento mais profundo (Escudero e Lago, 2007);
- ampliando o deleite da escuta compartilhada e sentida da beleza da linguagem verbal expressiva, com o escrito descritivo, e entendendo as metáforas e a dança do verso em seu contexto métrico-emotivo.
- desenvolvendo concursos que transformem os poemas das diversas culturas em novos textos e discursos de entendimento e colaboração entre todos os seres humanos.

O domínio dessa subcompetência exige a integração do discurso fonético-verbal e a vivência sentimental mais acertada, bem como o acompanhamento de paisagens e formas cromáticas plenas do verdadeiro colorido: "O assumido".

7.7 Competência comunicativa: síntese integrada do conjunto das subcompetências apresentadas

O domínio da competência comunicativa para desempenhar adequadamente o processo de ensino-aprendizagem torna-se realidade ao obter uma empática e integradora assunção do conjunto de subcompetências apresentadas.

Figura 7.3 – *Mapa de competência comunicativa*

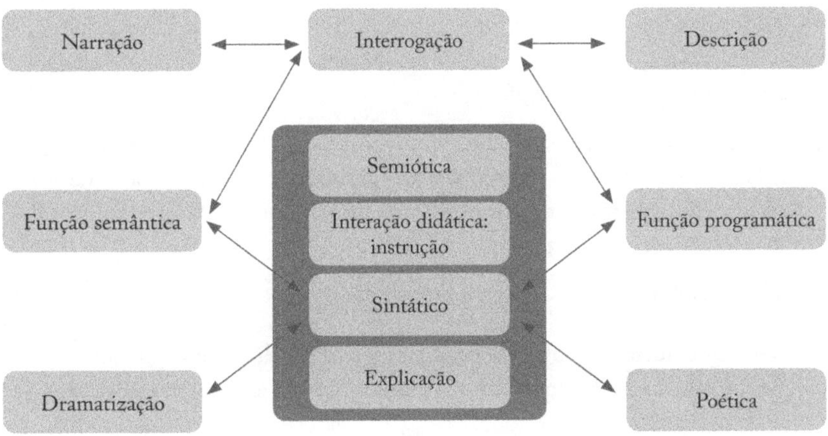

A consecução da competência comunicativa requer suficiente domínio da instrução formativa – que implica o saber fundamentado e trabalhado para alcançar a plena realização e capacitação dos estudantes –, desenvolvido em sala de aula mediante uma ótima interação didática e a integração das funções semântica (campo de conceitos, teorias e modelos da comunidade científica e do âmbito sociocomunicativo) e pragmática, explicitada na utilização criativa das metáforas, chaves e significados da cultura e das instituições educacionais em cada contexto, ampliadas com a inter-relação expressiva da sintática e os resultados dos variados e emergentes significados que as esferas culturais nos propiciam.

O avanço na cultura das instituições educacionais está ligado ao processo e aos variáveis projetos nos modos de sentir e viver todas essas funções no específico âmbito das escolas, das comunidades de aprendizagem e dos variáveis estilos de vida no mundo globalizado em que vivem os professores, os estudantes e as famílias.

A integração dessas competências no decorrer do processo de ensino--aprendizagem e no transcorrer da pluralidade cultural nas classes e nas escolas demanda do professorado uso e adaptação pertinentes do conjunto das subcompetências a cada processo instrutivo-formativo e o desenvolvimento de uma interação didática empática e colaborativa.

Como utilizar e adaptar esse domínio das subcompetências em cada unidade didática e no âmbito de trabalho do mês e do trimestre?

Escolhido o núcleo temático, no ciclo que selecionarmos e durante um mês de trabalho, devemos adotar algumas decisões que deem sentido à prática educacional e facilitem a obtenção de uma instrução formativa esclarecedora e plenamente educadora.

A competência educacional harmonizará o uso das subcompetências pretendidas, coerentes com os estilos e as modalidades da interação didática e da instrução que desenvolvermos durante um tempo mais breve, como o dia ou a semana, ou até uma hora de trabalho.

As questões que nos devemos propor são:

- Que núcleo temático devemos desenvolver durante a quinzena?
- Como trabalhá-lo de modo colaborativo entre colegas, estudantes e a comunidade educacional?
- Com quais subcompetências trabalhar o núcleo e desenvolver as atividades formativas e como completá-las durante o desenvolvimento semanal do tema? Ao mesmo tempo, como avaliar a qualidade do vocabulário empregado, sua pertinência intercultural e sua adaptação aos estudantes da aula, nas tarefas e no cenário do ciclo e em sua influência diante do contexto mais próximo da família e de sua realidade cultural? (narração, interrogação, explicação, dramatização, poética etc.)

A aplicação dessas subcompetências se integra ao modo peculiar de agir e ao estilo comunicativo próprio de cada docente, atendendo às renovadas demandas das redes escolares e ao uso racional dos meios (*web*, plataformas, Wikipedia etc.) que devem ser integrados no uso quinzenal ou mensal dos núcleos temáticos que desenvolvermos, considerados os novos cenários que complementam o trabalho na sala de aula e que a abrem para o ciberespaço, mas abordados sob uma visão criativa e adaptada às necessidades da instituição escolar.

A complementaridade entre narração e interrogação, em um amplo âmbito de explicação e justificação do saber a trabalhar na classe, é essencial, e cada docente deve decidir as atuações mais pertinentes para avançar no domínio e uso complementar do conjunto de subcompetências no processo de ensino-aprendizagem, na interação didática e na preparação da instrução formativa com cada estudante, grupo de classe e rede educacional em sua globalidade.

Aprender a melhorar a competência comunicativa no contexto da sala de aula é um objetivo básico para a evolução do processo de ensino-aprendizagem e para alcançar um ótimo desenvolvimento profissional de cada docente e configurar culturas inovadoras no quadro de professores e nas comunidades de docentes envolvidos.

A comunicação é o eixo das interações na escola e nos processos de ensino-aprendizagem. O conjunto de subcompetências apresentadas serve aos professores para que pensem e questionem sua prática, implicando-o na identificação das bases de tais competências e na assunção de seu estilo comunicativo, ampliando o âmbito de ação e avançando continuamente na integração e no domínio delas.

Os professores devem elaborar as atuações formativas e selecionar as subcompetências que podem aplicar no processo instrutivo-formativo e na orientação da interação didática gerada em sala de aula, atendendo às expectativas de cada estudante, equipe e da comunidade educacional e das redes escolares em colaboração (real e virtual).

O domínio dessa competência se consolida na interação com as demais e, de modo singular, com a competência social, intercultural e geo-histórica, por representarem o verdadeiro âmbito interativo no qual as diversas culturas e os condicionantes geo-históricos hão de agir e se consolidar.

7.8 Avaliação e inovação da competência

O processo formativo é crucial para a melhora da aprendizagem dos estudantes e o desenvolvimento profissional dos docentes. Um de seus componentes é a competência comunicativa, chave na qualidade da interação didática, na potencialidade do clima social e na instrução e assimilação do saber.

Alcança-se o domínio da competência quando cada docente questiona o sentido, sua pertinência, e é capaz de estimar sua adequação ao conjunto de atuações formativas que deve realizar.

A análise do domínio da competência linguística em seus códigos, mensagens e projeção requer um modelo sociocomunicativo e um conjunto de testes que permitam estimar a obtenção real da competência por cada docente e sua oportunidade de uso, inovação e melhora contínua em cada atuação educadora.

Assim, devemos estimar a consecução narrativa, expressiva, interrogativa, compreensiva, sociorrelacional, empática, colaborativa etc. em cada uma das atuações na aula, cientes do domínio do saber como campo de conhecimento, sua semântica e sua atuação holística e a principal aplicação criativa a cada situação de ensino-aprendizagem.

A autoavaliação relativa ao domínio da competência comunicativa centra-se na expressão dos conhecimentos e dos valores culturais, ao gravar em áudio e/ou vídeo a tarefa educacional para manifestar a potencialidade comunicativa do professorado.

Quadro 7.4 – *Avaliação do domínio de provas*

1. Narrativa	Avaliar o modo de contar, relatar fatos e estimar a sequência, a veracidade e o interesse do manifestado.
3. Descrição	Apresentar uma paisagem e evidenciar seus componentes singulares, a harmonia flora-fauna, ecologia etc.
4. Expressão-interação. Explicação	Apresentar e evidenciar o domínio dos conceitos e sua situação, oratória e formas de expressão verbal e escrita, argumentação.
5. Dramatização	Relatar situações da vida real e seu contraponto; selecionar situações complexas e apresentá-las aos estudantes.
2. Interrogação	Evidenciar o estilo socrático e a qualidade das perguntas empregadas, implicando colegas e estudantes.
6. Integração de formas verbais	Evidenciar o domínio da complementaridade, sequenciamento e utilização das formas anteriores expressivas e manuscritas em processos formativos.
7. Poética	Integrar a arte e a beleza dos textos e poemas na explicitação de novas realidades.

7.9 A avaliação da competência comunicativa, base da inovação da docência

A melhora da competência comunicativa depende da qualidade da avaliação realizada e do compromisso com a transformação dos processos de conhecimento e de interação didática nas classes e nas escolas.

Ao conhecer os resultados da aprendizagem, os resultados reais da ação formadora e o clima sociorrelacional, questionamos o sentido e a potencialidade da comunicação mantida nas classes e nas escolas, adotando as modificações apropriadas em cada instância formativa.

A linha inovadora se reflete no novo discurso e no estilo comunicativo que se instauram em sala de aula e na escola, com os quais o docente se consolida como o gerador do saber e de ser, coerente com as expectativas dos professores e das instituições.

A inovação da competência comunicativa está em:

1. Narrativa – Criar cenários originais, nos quais se melhorem as concepções e ações dos docentes e dos estudantes, utilizando novos estilos de apresentação de fatos atuais e futuros.
2. Interrogação – Provavelmente, é a metodologia mais clássica, que se consolida em Sócrates e se projeta em um mundo tecnológico e intercultural; daí as novas e sempre emergentes questões às quais o professorado e os estudantes devem responder e avaliar.
3. Descrição – Incluir nas tarefas de classe a observação preferencial de diversas realidades sociais, físicas, pluriculturais, econômicas etc., empregando os termos mais coerentes com o pensamento e a prática inovadora nas escolas.
4. Exposição – Implica que o professorado deve estimar a sequência expositiva, o modelo de apresentação e as partes substantivas dela, como introdução, questões, desenvolvimento, sínteses, tarefas, meras ações etc.
5. Dramatização – Esta forma linguística implica a necessidade de identificar fatos representativos da vida dos seres humanos, das comunidades e dos âmbitos de relação entre culturas, trabalhando os mais coerentes com o modelo social e axiológico que pretendemos apresentar nas aulas.

6. Integração de estilos e propostas de discursos interculturais, interdisciplinares, holísticos e estruturantes das situações complexas e incertas em que interagem os professores e os estudantes, cujo sentido é vivenciar o discurso em toda sua amplitude: intelectual, emocional e empática.
7. Poética – A linguagem poética é a característica dos sentimentos, das emoções e das vivências profundas dos seres humanos; seu domínio e incorporação aos processos de ensino-aprendizagem é essencial para aplicar e complementar os modos de pensar, fazer e ser nos processos formativos.

7.10 Síntese

A competência comunicativa na escola requer um estilo didático criativo, empático e reflexivo, no qual a ação artística de ensinar se faz possível ao harmonizar o esforço de "racionalidade conceitual e o poder da empatia". Nos dois casos, a comunicação os estrutura e faz interagir. Assim, o saber e o sentir levaram De la Torre (2007) a integrar em cada ser humano o valor profundo da fruição emocional e da harmonia racional.

A competência comunicativa fica explícita no discurso, e este depende da qualidade dos conceitos, da intensidade das emoções e do sentimento de busca e satisfação profunda nos processos de ensino-aprendizagem.

Bibliografia
Parte II

Aaron, P. G. (1995) "Differential diagnosis ofreading disabilities". *School Psychology Review*, 24 (3), p. 345-360.

Adell, J. (2004) "Tendencias en educación en la sociedad de las tecnologías de la información". *Edutec*, n. 7 (Novembro/97) Em: <http://www.uib.es/depart/gte/revelec7.html>.

Aea Moreira, M. *Manual de tecnología educativa*. Universidade de La Laguna, 2002. p. 7-13. Em: <http://tecnologiaedu.us.es/bibliovir/pdf/tema6.pdf>.

Alarcos, E. (1969) *Gramática estructural (según la escuela de Copenhague y con especial atención a la lengua española)* Madrid: Gredos.

Alberte, J. R. (2003) *La atención a la diversidad en la encrucijada.*

Albuqerque, R. (1990) *En el aula de Inglés*. Londres: Longman.

Aldana, J., Gómez, A. G., Moreno, N., Roldán, M. (2002) "Viabilidad práctica de las consultas en la Site Semántica". *Novática*, n.° 158. Em: <http://www.ati.es/novatica/2002/158/nv158sum.html>.

Alfonso, M. e Ibáñez, P. (1987) *Las minusvalías. Diagnóstico, tratamiento e integración.* Madrid: Uned.

Allen, D. e Ryan, K. (1973) *Microenseñanza*, Paris: Dupont.

Angier, N. (2008) *El Canon. Un viaje maravilloso al mundo de la ciencia.* Barcelona: Paidos. Título Original: *The Canon. New Cork, Houghton Milfflin Company.* (2007)

Argyle, M. (1978) *Psicología del comportamiento interpersonal*. Madrid: Alianza.

Ariel, A. (1992) *Education of children and adolescents with learning disabilities*. Nova York: McMillan.

Arnaiz, P., Castro, M. e Guirao, J. M. (2003) "Alumnos en riesgo de exclusión social: La integración escolar de grupos culturales minoritarios en la Región de Murcia". *Bordón*, Volume 55, n. 2.

Atanas, K. *Semantic annotation, indexing, and retrieval.* Human Language Technologies Workshop at the 2nd International Semantic Site Conference (ISWC2003), 20/outubro/2003, Florida, EUA. Em: <http://www.ontotext.com/publications/SemAIRISWC169.pdf>.

Atkins, P. (2007) *El dedo de Galileo. Las diez grandes ideas de la ciencia.* Madrid: Espasa. Título original: *Galileo's Finger. The Ten Ideas of Science.* Oxford University Press, 2003.

Austin, J. L. (1962) *How To Do Things With Words*, Oxford: Clarendon Press.

Ausubel, D. (1976) *Psicología educativa. Un punto de vista cognitivo*. México: Trillas.

Bachman, L. (1990) "Habilidad linguística comunicativa". Em Llobera et al. 1995. *Competencia comunicativa. Documentos básicos en la enseñanza de lenguas extranjeras*. Madrid: Edelsa. p. 105-129.

Beltrán, J. A. (2001) "La nueva pedagogía a través de internet". Palestra apresentada no I Congresso Nacional de Educared. Madrid, 18-20 de janeiro, 2001. Em: <http://www.ucm.es/info/psicevol/CURRICULUMS/LA_NUEVA_PEDAGOGIA_INTERNET>.

Bennett, M., Dennett, D., Hacker P. e Searle J. (2008) *La naturaleza de la conciencia. Cerebro, mente y lenguaje*. Barcelona: Paidós.

Bernárdez, E. (1982) *Introducción a la lingüística del texto*. Madrid: Espasa-Calpe.

Berners L. (2000) *Tim. XML and the Web*: <http://www.w3.org/2000/Talks/0906-xmlWeb-tbl/>.

Bisquerra, R. (2003) "Educación emocional y competencias básicas para la vida". *Revista de Investigación Educativa* (RIE), p. 17-43.

Blackmore, S. (2008) Em: <http://www.susanblackmore.co.uk/>.

____. (2008) Em: <http://www.susanblackmore.co.uk/memetics/index.htm>.

Blanco, S. (2004) "Biblioteca Virtual de WebQuest". Revista *Quaderns Digitals* n. 33. Em: <http://www.quadernsdigitals.net/>.

____. Tese doutoral publicada em: <http://www.infor.uva.es/-sblanco/Tesis/Web%20 Semantico.html>.

Bobes, M. C. (1987) "Semiología de la obra dramática". Madrid: Taurus. *Bordón*, Volume 55, n. 1.

Brewster, J. (1992) *The primary english teacher's guide*. Londres: Penguin.

Bronckart, J. P. (2007) *Desarrollo del lenguaje y didáctica de las lenguas*. Buenos Aires: Miño y Dávila.

Brunner, J. S. (1972) *El proceso de la educación*. México: Utha.

Byram, M. (1989) *Cultural studies in foreign language teaching*. Clevedon: Multilingual Matters.

Cabero, J. (2004) "Universidad de Sevilha". Em: <http://tecnologiaedu.us.es/revistaslibros/tics.htm>.

Cabrerizo, J.; Rubio, M. J. e Arredondo, S. (2008) *Programación por competencias. Formación y práctica*. Madrid: Pearson Education.

Camacho, S. e Sáez, O. (2000) *Técnicas de comunicación eficaz para profesores y formadores*. Alcoy: Marfil.

Cámara, J. C. (2002) *Learning metadata standards*. UPF, Barcelona. Em: <http://ww.iua.upf.es/~jblat/materia//doctorat/students/jccbis/Tecnologias_XML.htm>.

Canale, M. (1983) "De la competencia comunicativa a la pedagogía comunicativa del lenguaje". Em Llobera et al. (1995) *Competencia comunicativa. Documentos básicos en la enseñanza de lenguas extranjeras*. Madrid: Edelsa, p. 63-83.

Cantero, M. T. (2008) *Enseñanza dinámica de la Sintaxis 1. 3° y 4° de la ESO*. Madrid: Ed. Castalia.

Cassany, D. (1993) *Describir el escribir*. Barcelona: Paidós.

Cassany, D., Luna, M. e Sanz, G. (1994) *Enseñar lengua*. Barcelona: Graó.

Castellà, J. M., Comelles, S., Cros, A. e Vilà, M. (2007) *Entender(se) en clase. Las estrategias comunicativas de los docentes bien valorados*. Barcelona: Graó.

Cervera, J. (1993) *Literatura y lengua en la educación infantil*. Bilbao: Mensajero.

Chomsky, N. (1965) *Aspects of the theory of syntax*. Cambridge: The MIT Press.

Clyne, M. (1994) "Intercultural communication at work". Cultural values in discourse. Cambridge: Cambridge University Press.

Consejo de Europa (2001) *Marco común europeo de referencia para las lenguas: aprendizaje, enseñanza, evaluación*. Madrid: Instituto Cervantes – Ministério da Educação, Cultura e Esporte. Anaya, 2002.

Corder, S. (1981) *Error analysis and interlanguage*. Oxford: Oxford University Press.

Cryistal, D. (1987) *The Cambridge Encyclopedia of Language*. Cambridge: CUP.

Cummins, J. (2001) "¿Qué sabemos de la educación bilingüe? Perspectivas psicolingüísticas y sociológicas". *Revista de Educación* 326, p. 37-61.

D'Hanaut, L. (1981) *Objetivos didácticos y programación*. Barcelona: Oikos-Tau.

Dawkins, R. Em: <http://richarddawkins.net/>.

Day, Ch. e cols. (2007) *Teachers matter, conecting lives, work and effectiveness*. Berkshaire: Open University Press, McGraw Hill.

De la Torre, S. (2007) 3.ª reimpressão: "La comunicación didáctica: modelos y pautas para la acción". Em Sepúlveda, F. e Rajadell, N. (2007) *Didáctica General para Psicopedagogía*. Madrid: Uned, p. 100-154.

De Luca, M. O. P. (1983) *Didáctica de la lengua oral. Metodología de enseñanza y evaluación*. Buenos Aires: Kapelusz.

Decreto 62/2007, de 29/05/2007, pelo qual se estabelece e ordena o currículo da Educação Primária na Comunidade de Castilla-La Mancha.

Dennett, D. e Brockman, J. (Ed) (2007) *El Nuevo Humanismo y las fronteras de la ciencia*. Barcelona: Kairos.

Díaz Pareja, E. M. (2003) "Atención a la diversidad: condiciones de la escuela para todos". *Bordón*, Volume 55, n. 2.

Didáctica Primaria. Prentice Hall, p. 175-212 e 470-491.

DODGE, B. "Some Thoughts about WebQuest". Em: <http://WebQuest.sdsu.edu/about_WebQuests.html>.

DOIDGE, N. (2008) "El cerebro se cambia a sí mismo". Santillana. (2007) Em: The Brain That Changes Itself. Em: <http://www.normandoidge.com>.

DOMÍNGUEZ, M. C. (2006) *Investigación y formación del profesorado en una sociedad intercultural.* Madrid: Universitas.

ERLICH, V. (1974) *El formalismo ruso.* Barcelona: Seix Barral.

FLANDERS, N. A. (1976) *Análisis de la interacción didáctica.* Salamanca: Anaya.

FORNER, A. (1987) *La comunicación no verbal.* Barcelona: Grao.

FRITH, C. (2008) *Descubriendo el poder de la mente.* Barcelona: Ariel.

GALLARDO PAULS, B. (1996) *Análisis conversacional y pragmática del receptor.* Valencia: Ediciones Episteme.

GELABERT, M. J. ET AL. (1996) *Repertorio de funciones comunicativas del español. Niveles umbral, intermedio y avanzado.* Madrid: SGEL.

GENETTE, G.(1989) *Palimpsestos. Literatura en segundo grado.* Madrid: Taurus.

GOLEMAN, D. (1997) *La Inteligencia emocional.* Barcelona: Kairos

_____. (1999b) *La práctica de la inteligencia emocional.* Barcelona: Kairós.

GÓMEZ, E. e RODRÍGUEZ, B. (1998) "Didáctica de la lengua". Em J. L. Gallego (Coord.) *Educación Infantil* (2. ed.). Málaga: Aljibe.

GRAHAM, S. e HARRIS, K. (1989) "Components analysis of cognitive strategy instruction: effects on learning disabled student's compositions and self-efficacy". *Journal of Educational Psychology*, 81 (3), p. 353-361.

GRANIZO, R. (2007) "La inteligencia emocional en Educación Especial". Madrid: Uned. Em Gento Palacios, S.; Sánchez Romero, C. e Moyano Ibáñez, J. (2007) Libro de Actas de resúmenes IV Jornadas Internacionales de "ATENCIÓN EDUCATIVA A LA DIVERSIDAD EN EUROPA Y AMÉRICA". p. 48-49

GRANIZO, R. (2008) "Inteligencia emocional en los alumnos de alta capacidad". Comunicação no Congresso Mundial de Estilos de Aprendizagem. Cáceres, 2008.

GRICE, H. P. (1991) "Lógica y conversación". Em L. M. Valdés (comp.) *La búsqueda del significado. Lecturas de filosofía del lenguaje.* Madrid: Tecnos.

GRUBER, T. (2003) "It Is What It Does: The pragmatics of ontology". Invited presentation to the meeting of the CIDOC Conceptual Reference Model committee, Smithsonian Museum, Washington, D.C., March 26.

GUMPERZ, J. J. (1982) *Discourse strategies.* Cambridge: Cambridge University Press, 1994.

HARMER, J. (1983) *The practice of English language teaching.* Londres: Longman

Hjelmslev, L. (1928) *Principes de grammaire générale*. Kgl. Danske Videnskabernes Selskab, Hist.-fil. Meddelser XVI, 1.

Hymes, D. H. (1971) "Acerca de la competencia comunicativa". Em Llobera et al. (1995) *Competencia comunicativa. Documentos básicos en la enseñanza de lenguas extranjeras*. Madrid: Edelsa, p. 27-47.

Iglesias, I. (2000) "Diversidad cultural en el aula de E/LE: la interculturalidad como desafío y como provocación". Em: <http://www.ub.es/filhis/culturele/pragmati.html>.

Jiménez, C. (2000) *Diagnóstico y educación de los más capaces*. Madrdi: Uned/MEC.

Knapp, M. L. (1982) *La comunicación no verbal. El cuerpo y el entorno*. Barcelona: Paidós.

Lansheere, V. D. e Lansheere, G. (1977) *Objetivos de la educación*. Barcelona: Oikos-Tau.

Larsen-Freeman, D. e Long, M. H. (1994) *Introducción al estudio de la adquisición de segundas lenguas*. Madrid: Gredos.

Laszlo, E. (2004) *La ciencia y el campo akásico. Una teoría integral del todo*. Madri: Nowtilus.

Lentin, L. (1980) *Enseñar a hablar*. Madrid: Pablo del Río.

Lhote, E. (1995) *Enseigner l'oral en interaction*. Paris: Hachette.

Liberman, A. M. (1995) "The relation of speech to reading and writing". Em B. Gelder e J. Littlewood, W. (1994) *La enseñanza de la comunicación oral. Un marco metodológico*. Barcelona: Paidós.

Llobera, M. et al. (1995) *Competencia comunicativa. Documentos básicos en la enseñanza de lenguas extranjeras*. Madrid: Edelsa.

Lomas, A. e Tusón, A. (1993) *El enfoque comunicativo de la enseñanza de la lengua*. Barcelona: Paidós.

Lomas, C. (2006) *Cómo enseñar a hacer cosas con las palabras* (2. ed.) Barcelona: Paidós.

López, A. e Vanegas, D. (2005) "El conocimiento del texto lingüístico y su trascendencia en la didáctica de la lengua y la literatura". *Bordón*, Volume 57, n. 3.

Mallart, J.; De la Torre, S. (1991) "Estilos cognitivos y currículum: un modelo de análisis para mejorar la instrucción". *Bordón*: Revista de orientación pedagógica, Vol. 43, n. 1, 1991 , p. 39-54.

Mallart, J. (2007) 3. reimpressão: "Didáctica: concepto, objeto y finalidades". Em Sepúlveda, F. e Rajadell, N. (2007) *Didáctica General para Psicopedagogía*, Madrid: Uned, p. 25-60.

Marqués, P. (2008) <http://dewey.uab.es/PMARQUES/TICs.htm>.

Marti, F. (Ed. Alts.) (2006) *Palabras y mundos. Informe sobre las lenguas del mundo*. Barcelona: Icaria Editorial.

Medina, A. e cols. (1984) *Didáctica de la poesía.* Madrid.

Medina, A. (1988) *Didáctica e interacción en el aula.* Madrid: Cincel.

Medina, A. (1998) (Coord.) *Evaluación de los procesos y resultados del aprendizaje de los estudiantes.* Madrid: Uned.

Medina, A. e Domínguez, M. C. (2006) "Los procesos de observación del practicum: análisis de las competencias". *Revista Española de pedagogía.* Ano LXIV, n. 233, janeiro-abril de 2006.

Medina, A. e cols. (2006) "Competencias del profesorado universitario ante el EEES. Estudios y análisis". *Informe.* Madrid: MECD.

_____. (2007) *Perspectivas didácticas para el siglo de la Educación.* Madrid: Fundación Fernández Rielo.

Medina, A. (2007) 3. reimpressão: "Interacción didáctica: procesos socio-comunicativos en el centro y aula". Em Sepúlveda, F. e Rajadell, N. (2007) *Didáctica General para Psicopedagogía.* Madrid: Uned, p. 155-186.

_____. (2008) *La convivencia en las escuelas interculturales: El clima social colaborativo y su incidencia en la mejora del acoso escolar.* Sonora: Unison, p. 179-204

Medina, A. e Domínguez, M. C. (2008) (Ed.) *Formación integral, base para el desarrollo de las comarcas.* Madrid: Universitas.

Medina, A. e Mata, F. S. (2009) *Didáctica general.* Madrid: Pearson Education.

Mendoza, A. (2003) *Didáctica de la lengua y la Literatura.* Colección.

Miquel, L. (1997) "Lengua y cultura desde una perspectiva pragmática: algunos ejemplos aplicados al español", *Frecuencia L,* n. 5, p. 3-14.

Mohamed, S. (2000) "La noción de competencia comunicativa y la enseñanza de lenguas extranjeras". Em *Revista del Instituto Cervantes de El Cairo,* n. 1, p. 50-55.

Molina, S. (2008) *Psicopedagogía de la lengua escrita.* vol. I. Lectura. Madrid: EOS.

Moraes, M. C. (2004) Pensamento ecossistêmico. Educação, aprendizagem e cidadania no século XXI. Petrópolis: Vozes.

Moraes, M. C. (2008) Ecologia dos saberes. Brasília: Antakarana/Willis Hartman House.

Morais (Ed.) (1995) *Speech and reading: A comparative approach.* Londres: Taylor & Francis, p. 17-31.

Morin, E., Motta, R. D. e Roger, E. (2002) *Educar en la era planetaria.* Valladolid: Unesco.

Muñoz, M.D. (1997) *Función de comunicación y pertinencia linguística.* Valencia: Universidade de Valencia.

Nilsson, M., Pálmer, M., Naeve, A. (2002) Semantic Site Metadata for e-Learning-Some Architectural Guidelines. The eleventh international world wide Site conference. Em: <http://www2002.org/CDROM/alternate/744/>.

Pacios, A. (1981) *Introducción a la didáctica*. Madrid: Kapelusz.

Pagnini, M. (1975) *Estructura literaria y método crítico*. Madrid: Cátedra.

Peig, E. (2003) Interoperabilidad de Metadatos en Sistemas Distribuidos. Tese Doutoral UPF. <Em:http://www.tdx.cbuc.es/TESIS_UPF/AVAILABLE/TDX0316104-132946//tepo1de1.pdf>.

Pérez, R. (1995) *Evaluación de Programas Educativos de centros y profesores*. Madri: Ed. Universitas S.A., p. 82-107.

____. (2006) *Evaluación de Programas Educativos*. Ed. La Muralla.

Pérez, P., Zayas, F. (2007) *Competencia en comunicación linguística*. Madri: Alianza Editorial.

Pérez, J. e Gómez-Villalba, E. (2003) *Lectura recreativa y aprendizaje de habilidades linguísticas básicas*. Universidade de Granada.

Prado, J. (2004) *Didáctica de la Lengua y la Literatura para educar en el s. XXI*. Madrid: La Muralla.

Punset, E. (2007) *Viaje al Amor*. Barcelona: Ed. Destino.

Raga, F. (no prelo) *La comunicación cara a cara. Introducción al análisis transcultural de las interacciones comunicativas*.

Real Decreto 1631/2006, de 29 de dezembro (BOE 5 de janeiro de 2007). Enseñanzas mínimas de la Educación Secundaria Obligatoria.

Richards, J. C. e Rodgers, T.S. (1986) *Approaches and methods in language teaching*. Cambridge: Cambridge University Press.

Río, M. J. del (1993) *Psicopedagogía de la lengua oral: un enfoque comunicativo*. Barcelona: ICE-Horsori.

Robin, R. (1973) *Histoire et linguistique*. Paris: Colin.

Rodari, G. (1979) *Gramática de la fantasía*. Barcelona: Ferrán Pellissa.

Rodríguez, J. L. (1985) *Currículum, acto didáctico y teoría del texto*. Salamanca: Anaya.

____. (2004) *La competencia programadora de los profesores*. Málaga: Aljibe.

Rosales, C. (1987) *Didáctica de la comunicación verbal*. Madrid: Narcea.

____. (1994) *La enseñanza del lenguaje verbal en su entorno escolar y multicultural*. Santiago de Compostela: Tórculo.

Salvador, F. (2000) *Cómo prevenir las dificultades en la expresión escrita*. Archidona: Aljibe.

____. (2008) *Psicopedagogía de la Lengua escrita*. vol. II. Escritura. Madrid: EOS.

Salvador, F. e Gutiérrez, R. (2005) *Atención educativa al alumno con dificultades en lectura y escritura*. Archidona: Aljibe.

Sánchez, Jesús (1999) "Lengua y cultura. La tradición cultural hispánica". Em *Carabela 45*. Madri: SGEL.

Sánchez-Enciso, J. (2008) *(Con)vivir en la palabra. El aula como espacio comunitario.* Barcelona: Graó.

Sancho, A. (2008) <http://personal.telefonica.terra.es/web/apuntesasr/>.

Sans, N. (2000) *Gente de la calle 1, documentos de la vida cotidiana, guía didáctica y vídeo-cassettes*. Barcelona: Difusión.

Santos Gargallo, I. (1999) *Lingüística aplicada a la enseñanza-aprendizaje del español como lengua extranjera*. Madrid: Arco/Libros.

Sanz, G. (2005) *Comunicación efectiva en el aula*. Barcelona: Graó.

Sarto. M. (1984) *Diez estrategias para hacer al niño lector*. Madrid: London Ediciones SM.

Saussure, F. (1965) *Curso de linguística general*. Tradução, prólogo e notas de Amado Alonso. Buenos Aires: Editorial Losada.

Savignon, S. (1997) *Communicative competence: Theory and classroom practice.* Nova York: MacGraw-Hill.

Sevillano, M. L. (2008) *Estrategias didácticas en el aula buscando la calidad y la innovación*. Madrid: UNED.

Siguán, M. (1990) "El lenguaje en la escuela". Em M. Siguán (Comp.) *Lengua del alumno, lengua de la escuela*. Barcelona: ICE-Horsori.

Spang, K. (1991) *Teoría del drama*. Navarra: Eunsa.

Spear-Swerling, L. e Stemberg, R. J. (1994) "The road not taken: An integrative theoretical model of reading disabilitiy". *Journal of Learning Disabilities*, 27 (2), p. 91-193 e 122.

Spring, J. (2007) *A new paradigm for global school systems*. New Jersey: Lawrence Erlbaum Associates, Inc.

Szondi, P. (1985) *Teories des modernen Dramas* (1880-1950) Frankfurt: Suhrkamp 17.

Todorov, T. (1967) *Literatura y significación* (trad. Gonzalo Suárez Gómz), Barcelona: Planeta, 1971.

_____. (1968) *Poetique*. Paris: Seuil. (Trad. Esp. Ricardo Pochtar, Buenos Aires: Losada, 1975).

Toulmin, S. E., Rieke, R. D. e Janik, A. (1984) *An introduction to reasoning* (2. ed.) Nova York-Londres: Macmillan; Collier Macmillan Publishers.

Tusón, J. (1980) *Teorías gramaticales y análisis sintáctico*. Barcelona: Teide.

Ubersfeld, Anne (1989) *Semiótica teatral*. Madri: Cátedra.

V. DIJK, T. (1980) *Texto y contexto.* Madri: Cátedra.

VAN EK, J. (1986) *Objectives for foreign language learning* (Vol 1.) Estrasburgo: Council of Europe.

VIDORRETA, C. (2007) "Sentido de las competencias básicas en la Ley Orgánica de Educación y Decretos de Enseñanzas Mínimas". Documento. Albarracín: Oitavo encontro Nacional de Inspetores de educação.

VIGOTSKY, L. S. (1977) *Pensamiento y lenguaje.* Buenos Aires: La Pléyade.

VILÀ, M. E VILA, I. (1994) "Acerca de la enseñanza de la lengua oral". *Comunicación, Lenguaje y Educación*, 23, p. 45-54.

VILLAR, L. M. (2004) *Programa de excelencia para la enseñanza universitaria.* Madrid: Pearson Education.

VILLAR, L. M. E ALEGRE, O. (2006) *Programa de excelencia para la enseñanza universitaria.* Madrid: Pearson Education.

WILLIAMS, M. E BURDEN, R. L. (1999) *Psicología para profesores de idiomas. Enfoque del conductivismo social.* Madrid: Cambridge University Press.

WILLMANN, O. (1948) *Teoría de la formación humana.* Madrid: Gráfica Versal.

WINKIN, Y. (ED.) (1981) *La nueva comunicación.* Barcelona: Kairós, 1994.

ZABALZA, M. A. (2003) *Competencias docentes del profesorado universitario.* Madrid: Narcea.

____. (20t08) "El Espacio Europeo de Educación Superior: Innovación en la enseñanza universitaria". *Revista Innovación Educativa* n. 18, p. 69-85.

ZUCCHERINI, R. (1992) *Cómo educar la comunicación oral.* Barcelona: Ceac.

Os papéis utilizados neste livro, certificados por instituições ambientais competentes, são recicláveis, provenientes de fontes renováveis e, portanto, um meio responsável e natural de informação e conhecimento.

FSC
www.fsc.org
MISTO
Papel produzido
a partir de
fontes responsáveis
FSC® C103535

Impressão: Reproset
Julho/2017